Heike Dahmen-Lösche • **Trennung, Scheidung – welche Rechte?**

Heidelberger Wegweiser

Trennung, Scheidung – welche Rechte?

Ein Ratgeber für Frauen

Von Heike Dahmen-Lösche

Hüthig Verlag, Heidelberg

Die Beispiele und Ratschläge in diesem Buch sind von Autorin und Verlag nach bestem Wissen und Gewissen sorgfältig erwogen und geprüft, die Informationen stellen aber keinen Ersatz für eine individuelle juristische Beratung dar. Autorin und Verlag sowie ihre Beauftragten übernehmen keine Haftung für etwaige Schäden, die sich aus dem Gebrauch oder Mißbrauch der in diesem Buch erteilten Ratschläge ergeben.

Die Deutsche Bibliothek – CIP-Einheitsaufnahme

Dahmen-Lösche, Heike : Trennung, Scheidung – welche Rechte? : Ein Ratgeber für Frauen / Heike Dahmen-Lösche. – Heidelberg : Hüthig, 1998
(Heidelberger Wegweiser)
ISBN 3-7785-3606-0 Brosch.

2. neubearbeitete und erweiterte Auflage

Umschlaggestaltung: WSP Design
Bearbeitung und Gesamtproduktion: IPa, Vaihingen/Enz

ISSN 0931-0959
ISBN 3-7785-3606-0

Inhalt

Einleitung

Dieses Buch ist als Orientierungshilfe für Frauen gedacht, die sich in einer Trennungs- bzw. Scheidungssituation befinden. Jede Frau, die sich zu einer Scheidung entschlossen hat, ist nicht nur mit großen psychischen Belastungen und oft schmerzhaften Auseinandersetzungen konfrontiert, sondern auch mit einer Vielzahl von rechtlichen Fragen und Problemen. Zu diesen rechtlichen Aspekten einer Scheidung, angefangen von den Scheidungsvoraussetzungen bis zu den mit einer Scheidung einhergehenden Folgen – juristisch kurz: Folgesachen –, bietet dieser Ratgeber die wichtigsten Informationen, gut nachvollziehbare Erläuterungen sowie zahlreiche Tips. Jeder Abschnitt wird mit konkreten Fallbeispielen illustriert, um daran anschließend systematisch die rechtlichen Fragen rund um Trennung, Scheidung und deren Folgen zu erläutern. Die Fallbeispiele sind so ausgesucht, daß die Initiative zur Trennung oder Scheidung jeweils von der Ehefrau ergriffen wird. Soweit es sich um Probleme handelt, die bereits während der Trennungsphase zu regeln sind, finden sich diese als gesonderter Unterpunkt bei der jeweiligen Scheidungsfolgesache. Der Darstellung des Prozeßverlaufs, der Kosten des Scheidungsverfahrens, der erbrechtlichen Konsequenzen sind gesonderte Kapitel gewidmet.
Im Anhang sind die wesentlichen Unterhalts- und Gebührentabellen abgedruckt. Ferner wurden zu den Themen Kindes-, Trennungs- und nachehelicher Unterhalt sowie Hausrat persönliche Checklisten erarbeitet, die es ermöglichen, das erworbene Wissen auf den eigenen Fall anzuwenden. Der Adressenteil gibt einen Überblick über Beratungsstellen für Frauen in Deutschland.

Die Zahl der Scheidungen nimmt zu!

Ein Ehevertrag kann nur durch ein gerichtliches Urteil aufgehoben werden. Während früher religiöse Vorbehalte oder das alte

Scheidungsrecht, das auf dem Schuldprinzip basierte, die Zahl der Scheidungen sehr niedrig hielt, kann heute im Prinzip jede Ehe, die als zerrüttet gilt, geschieden werden. In Deutschland endet derzeit ca. jede dritte Ehe vor dem Scheidungsrichter – Tendenz steigend. Dabei werden die meisten Scheidungsanträge von Frauen eingereicht. Dies hat u.a. seinen Grund darin, daß eine Scheidung inzwischen nicht mehr unbedingt gesellschaftliche Ausgrenzung und sozialen Abstieg bedeuten muß. Positiv formuliert heißt das, daß sich im Zuge der Emanzipation die Frauen zunehmend ihrer Rechte und Möglichkeiten bewußt werden und den Schritt wagen, eine unerträgliche oder unzumutbare Ehesituation aufzulösen.

TEIL 1: Ratgeber

Scheidungsvoraussetzungen

Am 01.07.1977 trat in der Bundesrepublik Deutschland im Zuge der Reform des Ehe- und Familienrechts ein neues Scheidungsrecht in Kraft. Wesentliche Änderung ist die Ablösung des Schuldprinzips durch das sogenannte Zerrüttungsprinzip. Nach dem alten Recht konnte die Ehe nur dann geschieden werden, wenn ein Ehegatte schuldhaft gegen die ehelichen Pflichten verstoßen hatte, z.B. wenn er die Ehe gebrochen, den anderen böswillig verlassen oder ihm nach dem Leben getrachtet hatte. Konsequenz war, daß der beklagte und schuldig gesprochene Ehegatte dem schuldlosen Unterhalt zahlen mußte, während das Sorgerecht grundsätzlich dem schuldlosen Ehegatten übertragen wurde. Nach dem Zerrüttungsprinzip dagegen kann die Ehe geschieden werden, wenn sie gescheitert ist. Der entscheidende § 1565 Abs. I BGB lautet:

§ **Die Ehe ist gescheitert, wenn die Lebensgemeinschaft der Ehegatten nicht mehr besteht und nicht erwartet werden kann, daß die Ehegatten sie wiederherstellen.**

Voraussetzung für die Scheidung ist demnach nicht mehr ein ehewidriges Verhalten eines Ehepartners, sondern die Feststellung, daß es zu einem endgültigen Bruch zwischen den Eheleuten gekommen ist, bei dem es sich um einen Dauerzustand handelt: Die Ehe gilt als gescheitert – aus welchen Gründen auch immer. Das „Scheitern der Ehe" muß vom Gericht festgestellt werden, die strittige Frage ist nun, ab wann eine Ehe als zerrüttet gilt. Gemäß § 1566 Abs. 1 BGB wird „unwiderlegbar vermutet", daß die Ehe gescheitert ist, wenn die Ehegatten seit einem Jahr getrennt leben und beide Ehegatten die Scheidung beantragen oder der Antragsgegner der Scheidung zustimmt.

Einverständliche Scheidung

Frau Anne B. aus Duisburg lebt mit ihrem Mann Jochen B. seit einem Jahr innerhalb der ehelichen Wohnung getrennt. Sie schläft im vormals gemeinsamen Schlafzimmer, er im Wohnzimmer. Schon seit einem Jahr wäscht und kocht Anne B. nicht mehr für ihren Mann. Jeder hält seinen Wohnbereich selber sauber. Beide Eheleute wollen geschieden werden.

Die Ehe der Eheleute B. kann ohne Probleme geschieden werden, da die Voraussetzungen des § 1565 Abs. 1 BGB iVm § 1566 Abs. 1 BGB vorliegen. Die Partner leben seit einem Jahr „von Tisch und Bett" getrennt, werden ihre eheliche Lebensgemeinschaft aller Voraussicht nach nicht wieder aufnehmen und wollen beide geschieden werden. Zum Getrenntleben im Sinne des Gesetzes gehört neben der Einstellung sexueller Kontakte auch die Verweigerung wechselseitiger Versorgungsleistungen wie z.B. Kochen, Waschen, Bügeln, Einkaufen. Für die einverständliche Scheidung ist es nach § 630 ZPO weiter unabdingbar, daß sich die Eheleute über die Folgesachen der Scheidung einigen; hierzu gehören u.a. die Regelung der elterlichen Sorge für die gemeinsamen Kinder, das Umgangsrecht, der Kindes- und Ehegatten-Unterhalt sowie die Verteilung von Hausrat und Ehewohnung. Diese besonderen Anforderungen an das Verfahren der einverständlichen Scheidung rechtfertigen, daß die Scheidung nach § 1566 Abs. 1 BGB gegenüber dem Grundtatbestand des § 1565 Abs. 2 BGB erleichtert ist: Bei einjähriger Trennungszeit und gemeinsamem Scheidungsbegehren wird die Ehe ohne Prüfung ihrer Zerrüttung geschieden, wohingegen im Falle der streitigen Scheidung die Zerrüttung zweifelsfrei nachgewiesen werden muß.

Zusammengefaßt kann man sagen, daß bei einer einverständlichen Scheidung drei Voraussetzungen zusammenkommen müssen:

- **Die Eheleute leben seit einem Jahr entweder innerhalb der ehelichen Wohnung oder schon räumlich getrennt.**
- **Beide Eheleute wollen geschieden werden.**
- **Beide Partner einigen sich über die Scheidungsfolgesachen.**

Streitige Scheidung

Helma K. aus Mülheim lebt seit einem Jahr mit ihren beiden Kindern in einer eigenen Wohnung. Sie möchte schnellstmöglich geschieden werden. Ihr Ehemann lehnt die Scheidung ab. Er schreibt ihr nach wie vor glühende Liebesbriefe, versucht immer wieder, sich mit ihr zu treffen, und gibt die Hoffnung einfach nicht auf. Helma K. dagegen empfindet nichts mehr für ihren Ehemann und ist entschlossen, die Scheidung zu beantragen.

Im Gegensatz zu der einverständlichen Scheidung trifft hier die sogenannte „Zerrüttungsvermutung" des § 1566 Abs. 1 BGB nicht zu. Das Scheitern der Ehe muß daher von Helma K. bewiesen werden. Erfahrungsgemäß werden dabei seitens des Gerichts keine allzu hohen Maßstäbe angelegt. Im Regelfall wird eine Ehe dann als gescheitert angesehen, wenn die eheliche Lebensgemeinschaft nicht mehr besteht und die Scheidungswillige klar zu erkennen gibt, daß sie keine ehelichen Gemeinsamkeiten mehr will. Helma K. lebt bereits seit einem Jahr in einer eigenen Wohnung; die eheliche Lebensgemeinschaft besteht demnach nicht mehr. Auch in der mündlichen Verhandlung wird Frau K. dem Richter erklären, daß sie eine Wiederherstellung der ehelichen Lebensgemeinschaft ablehnt. Helma K. wird geschieden werden, es sei denn, ihrem Ehemann gelingt es, im einzelnen überzeugend darzulegen, daß die Ehe keineswegs zerrüttet, vielmehr mit der Wiederherstellung der ehelichen Lebensgemeinschaft zu rechnen ist.

Von einer streitigen Scheidung spricht man demnach, wenn

- **die Eheleute seit mindestens einem Jahr innerhalb der ehelichen Wohnung oder räumlich getrennt leben und**
- **es nicht erwartet werden kann, daß die eheliche Lebensgemeinschaft wiederhergestellt wird und**
- **eine der Parteien nicht geschieden werden will.**
- **Eine einverständliche Regelung über die Folgesachen gemäß § 630 ZPO ist nicht erforderlich.**

Scheidung wegen unzumutbarer Härte

In besonderen Fällen kann auch ohne Abwarten des Trennungsjahres eine Ehe geschieden werden. Dies ist nach § 1565 Abs. 2 BGB dann der Fall, wenn die Fortsetzung der Ehe für den Antragsteller aus Gründen, die in der Person des anderen Ehegatten liegen, eine unzumutbare Härte darstellen würde. Dabei müssen schwerwiegende Tatbestände vorliegen. Sogenannte Härtefälle sind in der Regel:

- **Verletzung der ehelichen Treue**
- **körperliche Mißhandlung**
- **massiver Alkoholmißbrauch.**

Allerdings ist hier keine einheitliche Rechtsprechung festzustellen. Einige Gerichte lassen den Fall der ehelichen Untreue gelten, andere verlangen zumindest Offenkundigkeit, wobei es auf die Art und Weise sowie die Begleitumstände der Treueverletzung ankommt. Diese können unter Umständen so gravierend sein, daß es der Antragstellerin wegen der besonders tiefgreifenden Persönlichkeitsverletzung nicht zugemutet werden kann, das Trennungsjahr einzuhalten. Die Beweislast für die Voraussetzungen des § 1565 Abs. 2 BGB hat der Antragsteller, also derjenige, der sich auf die Härtefallregelung beruft. Kann z.B. die körperliche Mißhandlung oder die eheliche Untreue des anderen Ehepartners vor Gericht nicht bewiesen werden, wird das Scheidungsbegehren keinen Erfolg haben. Möglicherweise ist dann aber aufgrund der Dauer des Verfahrens mittlerweile das Trennungsjahr abgelaufen, so daß das Scheidungsbegehren auf § 1565 Abs. 1 BGB gestützt werden kann.

Irene D. aus Oberhausen ist von ihrem Ehemann brutal mißhandelt worden. Sie hat einen Nasenbein- und einen Schulterbruch erlitten sowie zahlreiche Prellungen und Hämatome am ganzen Körper. Eine Nachbarin hat die Polizei zu Hilfe geholt, die den Ehemann sofort festnahm. Irene D. ist zunächst stationär in einem Krankenhaus behandelt worden und lebt inzwischen in einem Frauenhaus in der näheren Umgebung. Sie möchte so schnell wie möglich geschieden werden, obwohl sie erst seit einigen Tagen von ihrem Ehemann getrennt lebt.

Irene D. kann hier schon vor Ablauf des sonst obligatorischen Trennungsjahres geschieden werden, weil die Fortsetzung der Ehe aus Gründen, die in der Person ihres Ehemannes liegen, eine „unzumutbare Härte" darstellen würde. Da sie keine Probleme haben wird, das schwerwiegende Fehlverhalten ihres Ehemannes vor Gericht, z.B. mit Hilfe von Zeugenaussagen, zu beweisen, kann sie das Scheidungsverfahren sofort einleiten.
§ 1565 Abs. 2 BGB lautet:

§ **Leben die Ehegatten noch nicht ein Jahr getrennt, so kann die Ehe nur geschieden werden, wenn die Fortsetzung der Ehe für den Antragsteller aus Gründen, die in der Person des anderen Ehegatten liegen, eine unzumutbare Härte darstellen würde.**

Scheidung nach dreijähriger Trennung

Christine H. aus Berlin lebt seit drei Jahren von ihrem Ehemann getrennt. Im Scheidungsverfahren erklärt der Ehemann, nicht geschieden werden zu wollen.

Nach § 1566 Abs. 2 BGB „wird unwiderlegbar vermutet" – so heißt es juristisch –, daß eine Ehe gescheitert ist, wenn die Eheleute seit drei Jahren getrennt leben. Diese Regelung hat der Gesetzgeber anhand der allgemeinen Lebenserfahrung getroffen. Es ist nämlich davon auszugehen, daß der Entschluß, sich scheiden zu lassen, nach dreijähriger Trennungszeit endgültig ist. Auf den entsprechenden Willen des Antragsgegners kommt es somit nicht mehr an. Das Gericht braucht auch nicht mehr das Scheitern der Ehe festzustellen oder gar zu überprüfen. Die Ehe der Christine H. wird daher geschieden werden.

Keine Scheidung aufgrund von Härteklauseln

Dagmar L. aus Hattingen lebt schon seit drei Jahren von ihrem vermögenden Ehemann getrennt. Bei Durchführung der Scheidung müßte der Ehemann erhebliche Vermögenswerte auf seine Ehefrau übertragen. Der Ehemann lehnt die Scheidung ab mit der Begründung, daß diese ihn finanziell ruinieren würde.

Trotz ihres Scheiterns wird eine Ehe nicht geschieden, wenn die Voraussetzungen des § 1568 BGB gegeben sind:

Die Ehe soll nicht geschieden werden, obwohl sie gescheitert ist, wenn und solange die Aufrechterhaltung der Ehe im Interesse der aus der Ehe hervorgegangenen minderjährigen Kinder aus besonderen Gründen ausnahmsweise notwendig ist oder wenn oder solange die Scheidung für den Antragsgegner, der sie ablehnt, aufgrund außergewöhnlicher Umstände eine so schwere Härte darstellen würde, daß die Aufrechterhaltung der Ehe auch unter Berücksichtigung der Belange des Antragstellers ausnahmsweise geboten erscheint.

Es handelt sich hierbei um eine Schutzvorschrift zugunsten der minderjährigen Kinder und des Ehepartners, der die Scheidung ablehnt. Sie kann in extremen Ausnahmefällen sogar dazu führen, daß eine Ehe auf Lebenszeit nicht geschieden werden kann. Wegen ihres Ausnahmecharakters sind strenge Maßstäbe anzulegen.
Die in der Vorschrift enthaltene Kinderschutzklausel kommt dann zum Tragen, wenn festgestellt wird, daß das Festhalten an der bereits zerrütteten Ehe dem Wohl der Kinder dient, wobei es in erster Linie um immaterielle, psychische Gründe geht, die in der Person des Kindes liegen. Es könnte z.B. der Fall eintreten, daß sich durch eine Scheidung die psychische Befindlichkeit eines Kindes so sehr verschlechtern würde, daß das Kindeswohl gefährdet wäre. Da es sich hierbei um ein subjektives Merkmal handelt, dessen Vorliegen nur sehr schwer feststellbar ist, wird das Problem häufig ohne Einschaltung eines psychologischen Sachverständigen nicht zu lösen sein. Stellt z.B. das Gericht aufgrund eines Gutachtens fest, daß bei einem Kind im Fall der Scheidung die ernsthafte Gefahr der Selbsttötung besteht, so dürfte die Voraussetzung des § 1568 BGB gegeben sein.
Auch die in der Vorschrift enthaltene Ehegattenschutzklausel stellt einen seltenen Ausnahmefall dar. Ob für den betroffenen Ehegatten die Scheidung aufgrund außergewöhnlicher Umstände eine so schwere Härte darstellt, daß diese abzulehnen ist, ist objektiv kaum meßbar. Die Intensität einer schweren unzumutbaren Härte ist auch hier in der Regel nur mit Hilfe eines psychologischen Sachverständigen feststellbar. Ergibt die psychologische Untersuchung bei dem Betroffenen, daß die Scheidung für diesen zu einer

tiefen Demütigung oder dem Verlust des seelischen Selbstwertgefühls führt und sich somit der Gesundheitszustand des nicht scheidungswilligen Ehepartners erheblich verschlechtert, so kann unter Umständen die Scheidung unter Berufung auf § 1568 BGB zurückgewiesen werden. Allerdings ist zu bedenken, daß die Anwendung der Härteklausel nicht vor Trennung oder Auszug des Partners schützt.
Im vorliegenden Fall jedoch kann der Ehemann allein mit Hinweis auf die drohenden finanziellen Nachteile die Scheidung nicht verhindern.

Neue Bundesländer und Scheidungsvoraussetzungen

Auch für die Ehen, die in der ehemaligen DDR geschlossen wurden, gelten die zuvor genannten Scheidungsvoraussetzungen. Dies ergibt sich aus dem Grundsatz des Art. 234 § 1 EGBGB. Dort heißt es:

§ **Das Vierte Buch des Bürgerlichen Gesetzbuchs gilt für alle familienrechtlichen Verhältnisse, die am Tag des Wirksamwerdens des Beitritts bestehen, soweit im folgenden nichts anderes bestimmt ist.**

Scheidungsfolgen I

Scheidungsfolge, die zwingend von Amts wegen geregelt werden muß

Versorgungsausgleich

Mit der Eherechtsreform im Jahr 1977 ist der Versorgungsausgleich erstmals gesetzlich geregelt worden. Das frühere Scheidungsrecht kannte eine solche Regelung nicht, was zur Folge hatte, daß viele, insbesondere nicht-berufstätige Frauen im Alter Sozialhilfe in Anspruch nehmen mußten. Der Grund lag darin, daß entweder die eigenen Rentenanwartschaften der Frauen sehr gering waren oder sie sich nach der Eheschließung ihre Rentenanwartschaften hatten auszahlen lassen.
Der Versorgungsausgleich bezweckt, daß die Renten- und Pensionsanwartschaften, die von beiden Eheleuten während der Ehezeit erworben wurden, ausgeglichen werden. Berufstätigkeit und Haushaltsführung sollen dabei gleichgestellt werden. In den meisten Fällen ist es heute immer noch so, daß die Ehefrau Anspruch auf eine anteilige Übertragung von Rentenanwartschaften ihres Mannes hat.

Unter Ehezeit versteht man

§ **... die Zeit vom Beginn des Monats, in dem die Ehe geschlossen worden ist, bis zum Ende des Monats, der dem Eintritt der Rechtshängigkeit des Scheidungsantrags vorausgeht** (vgl. § 1587 II BGB)

Klärung der Versorgungsansprüche

Alle Versorgungsansprüche, die von den Ehegatten während der Ehezeit erworben wurden, sind ausgleichspflichtig. Ausgleichungsfähig sind die Rentenanwartschaften in der gesetzlichen Rentenversicherung – wie z.B. der Bundesversicherungsanstalt für Angestellte (BfA) – oder der Arbeiterrentenversicherung – z.B. bei der Landesversicherungsanstalt (LVA) –, der Knappschaftsversicherung, der Beamtenversorgung sowie die Anwartschaften auf eine Betriebsrente. Bestimmte Rentenansprüche, wie z.B. eine Schadensersatzrente nach einem Unfall, sind vom Versorgungsausgleich ausgenommen.

Wilhelmine W. aus Duisburg ist mit ihrem Ehemann Willi W. seit 30 Jahren verheiratet. Aus der Ehe sind drei Kinder, Peter, Christoph und Petra, hervorgegangen. Der Ehemann hat während der gesamten Ehezeit versicherungspflichtig gearbeitet. Wilhelmine W. ist nicht berufstätig; sie hat sich um den Haushalt und die Kinder gekümmert. Jetzt will Wilhelmine W. geschieden werden und fragt nach dem Versorgungsausgleich.

Sobald der Scheidungsantrag bei Gericht eingereicht ist und die Gerichtskosten eingezahlt sind, werden beiden Eheleuten zur Ermittlung des Versorgungsausgleiches vom Gericht umfangreiche Formulare zugestellt, die ausgefüllt und unterschrieben wieder an das Gericht zurückgesandt werden müssen. Die Fragebögen sind unterschiedlich und richten sich danach, bei welchem Rentenversicherungsträger die Parteien versichert sind. Im vorliegenden Fall ist Willi W. als Arbeiter bei der Landesversicherungsanstalt Rheinprovinz rentenversichert. Er hat somit die entsprechenden Formulare auszufüllen. Da Wilhelmine W. während der Ehezeit nicht gearbeitet hat, sind bei ihr nur die Kindererziehungszeiten zu berücksichtigen.

Willi W. muß folgende Formulare ausfüllen:

- **Fragebogen V 1**
- **Antrag auf Kontenklärung**
- **Brutto-Arbeitsentgeltbescheinigung**

Wilhelmine W. ihrerseits muß neben dem Fragebogen V 1 und dem Antrag auf Kontenklärung den Antrag auf Feststellung der Kindererziehungszeiten ausfüllen. Die zuständigen Versicherungsämter sind beim Ausfüllen der Unterlagen behilflich; sie erteilen auch gerne weitere Auskünfte. Den Fragebögen ist aber auch ein Erläuterungsbogen beigefügt, so daß wahrscheinlich jeder die Fragen beantworten kann.
Jeder Ehepartner erhält eine Kopie des Antragsformulars des anderen Ehepartners. Beide können schon jetzt gegenseitig kontrollieren, ob alle Ansprüche auf Altersversorgung wahrheitsgemäß angegeben wurden. Da weder Herr noch Frau W. Einwände erheben, leitet das Gericht die ausgefüllten Fragebögen an die LVA weiter. Diese erstellt für beide Parteien jeweils einen sogenannten Versicherungsverlauf, aus dem sich ergibt, welche Rentenanwartschaften, insbesondere bezogen auf die Ehezeit, erwirtschaftet wurden. Hierbei ist zu berücksichtigen, daß die Rentenversicherungsträger zur Zeit mindestens drei Monate zur Auswertung benötigen. Es empfiehlt sich daher, die Unterlagen schnellstmöglich an das Gericht zurückzusenden, da ansonsten das Scheidungsverfahren verzögert wird.

Willi W. hat während der Ehezeit 2000 DM Rentenanwartschaften pro Monat erworben. Aus den Erziehungszeiten errechnet sich für Wilhelmine W. ein Rentenanteil in Höhe von 200 DM monatlich, so daß sich eine Differenz zwischen beiden Rentenanwartschaften in Höhe von 1800 DM ergibt. Von dem Rentenkonto des Willi W. bei der LVA Rheinprovinz ist die Hälfte des Differenzbetrages, in diesem

Falle also 900 DM, auf das Rentenkonto der Wilhelmine W. zu übertragen. Damit ist sichergestellt, daß Wilhelmine W. bei Eintritt ins Rentenalter einen eigenen Rentenanspruch gegenüber dem Rentenversicherungsträger in Höhe von 1100 DM hat. Willi W. dagegen wird im Rentenfall eine um 900 DM verminderte Rente beziehen. Will er dies verhindern, muß er seine Rente durch zusätzliche Einzahlungen aufstocken. Hierzu sollte er sich bei den jeweiligen Rentenversicherungsträgern informieren.

Das Prinzig des Versorgungsausgleiches ist zwar einfach, doch die Durchführung ist im einzelnen recht kompliziert. In der Regel sind sowohl die jeweils zuständigen Versicherungsämter als auch die Anwälte beim Ausfüllen der Formulare behilflich. Da es beim Versorgungsausgleich letztlich um hohe Summen geht ist eine sorgfältige Prüfung und Beratung in jedem Falle empfehlenswert.

Durchführung des Versorgungsausgleichs

Rentensplitting

Hat der Ehemann, wie im Falle des Ehepaars W., höhere Rentenanwartschaften als seine Frau bei einer gesetzlichen Rentenversicherung erworben, so wird im Rahmen des Ehescheidungsverfahrens die Hälfte der Wertdifferenz zwischen den jeweils erworbenen Rentenanwartschaften auf das Rentenkonto der Ehefrau übertragen. Angenommen, der Mann hat Rentenansprüche in Höhe von 1500 DM monatlich erworben, seine Frau aber nur in Höhe von 500 DM, so ergibt sich eine Wertdifferenz von 1000 DM, wovon der Ehemann die Hälfte (= 500 DM) seiner Frau auszugleichen hat, so daß die Rentenanwartschaften, bezogen auf die Ehezeit, gleichmäßig verteilt sind. Besitzt die Ehefrau kein eigenes Rentenkonto, weil sie nie berufstätig war, dann wird nach der Scheidung eines für sie eingerichtet. In beiden Fällen spricht man von dem sogenannten Rentensplitting. Die Frau soll-

te in jedem Falle prüfen, ob ihr künftiger Rentenanspruch hoch genug ist oder ob sie sich um eine zusätzliche Altersversorgung kümmern muß.
Die vorstehenden Ausführungen gelten natürlich auch für den Fall, daß die Ehefrau höhere Rentenanwartschaften erworben hat und aus diesem Grunde eine Übertragung auf das Konto des Ehemannes vorzunehmen ist.

Mit der Durchführung des Rentensplittings verliert der Verpflichtete den Teil der Rentenanwartschaften, der auf das Konto des Berechtigten übertragen wird. Dies gilt, sobald das Scheidungsurteil, in dem der Versorgungsausgleich mit geregelt worden ist, rechtskräftig wird, unabhängig davon, ob der Berechtigte die auf ihn übertragenen Rentenanwartschaften später tatsächlich in Anspruch nimmt oder nicht.

> *Die Eheleute Heinz und Ingrid S. aus Ulm lassen sich scheiden. Im Rahmen der Durchführung des öffentlich-rechtlichen Versorgungsausgleiches überträgt das Gericht monatliche Rentenanwartschaften in Höhe von 300 DM vom Rentenkonto der Ehefrau auf das des Ehemannes. Fünf Jahre nach Rechtskraft der Scheidung stirbt Heinz S., ohne das Rentenalter erreicht zu haben. Als Ingrid S. ein Jahr später in Rente geht, fehlen ihr monatlich 300 DM an ihrer Altersversorgung, da diese im Scheidungsurteil auf das Rentenkonto ihres Ehemannes übertragen wurden. Ingrid S. fragt, ob die Kürzung rechtens ist, da ihr Ex-Mann inzwischen verstorben ist, ohne Rentenbezüge erhalten zu haben.*

Fälle der vorliegenden Art haben dazu geführt, daß das Bundesverfassungsgericht einige Bestimmungen über den Versorgungsausgleich für verfassungswidrig erklärt hat. Der Gesetzgeber hat daraufhin u.a. § 4 des Gesetzes zur Regelung von Härten im Versorgungsausgleich (VAHRG) erlassen. Danach kommt eine

Kürzung der Versorgung des Verpflichteten dann nicht in Betracht, wenn der Berechtigte vor seinem Tod keine Leistungen oder nicht mehr als zwei Jahresbeträge in Anspruch genommen hat. Ingrid S. hat daher einen Anspruch auf Zahlung der vollen Rente, trotz des seinerzeit durchgeführten Versorgungsausgleiches.

Quasi-Splitting

Hat der Ehemann Anwartschaften auf Altersversorgung aus einer Beamtenversorgung, die Ehefrau dagegen keine oder nur aus der gesetzlichen Rentenversicherung, kann kein Rentensplitting durchgeführt werden, da beamtenrechtliche Pensionsanwartschaften nicht übertragen werden können.
Der Versorgungsausgleich wird in diesem Fall so vorgenommen, daß das Familiengericht für die Ehefrau eine Rentenanwartschaft in Höhe der Hälfte des Wertunterschiedes in der gesetzlichen Rentenversicherung begründet. Dieses sogenannte Quasi-Splitting erfolgt nach § 1587 b Abs. 2 BGB.

> *Der Polizeiinspektor D. aus München und seine Ehefrau, die Sekretärin Elfriede D., lassen sich scheiden. Während die Ehefrau Anwartschaften in der gesetzlichen Rentenversicherung der BfA erworben hat, stehen dem Ehemann deutlich höhere Alterversorgungsansprüche gegenüber dem zuständigen Landesamt für Besoldung und Versorgung zu.*

Um Elfriede D. einen Anteil der beamtenrechtlichen Versorgungsansprüche ihres Ehemannes zukommen zu lassen, gleicht der Versorgungsträger des Beamten den Wertunterschied zwischen den Renten- bzw. Pensionsanwartschaften der Eheleute aus, indem er den erforderlichen Betrag in Höhe der Hälfte des Wertunterschiedes an den gesetzlichen Versicherungsträger zahlt. Gleichzeitig wird er die Pensionsanwartschaften des Beamten entsprechend kürzen.

Ausgleich sonstiger Versorgungsrechte

Realteilung

Liegen die Voraussetzungen für ein Renten- oder Quasi-Splitting nicht vor, bestehen jedoch andere Ansprüche auf Altersversorgung, z.B. in Form von Betriebsrenten, privaten Rentenversicherungen oder Lebensversicherungen auf Rentenbasis, so schreibt § 1 Abs. 2 VAHRG zunächst eine sogenannte Realteilung vor. Dies bedeutet, daß jedem Ehegatten die Hälfte des Versorgungsanspruches als eigener Anspruch zugeteilt wird. Bei Anrechten der vorstehenden Art ist jedoch eine Realteilung häufig nicht vorgesehen.

Quasi-Splitting analog

Bei Ansprüchen gegenüber öffentlich-rechtlichen Versorgungsträgern – z.B. bei berufsständischer Versorgung von Selbständigen oder Freiberuflern wie Ärzten, Apothekern, Rechtsanwälten, Architekten –, bei denen eine Realteilung nicht vorgesehen ist, kann analog ein Quasi-Splitting durchgeführt werden (vgl. § 1 Abs. 3 VAHRG iVm § 1587 b Abs. 2 BGB). Das bedeutet, daß der berufsständische Versorgungsträger so verfährt wie das Landesamt für Besoldung und Versorgung bei den Beamten.

Betriebliche Altersversorgung ohne Realteilung

Hat der Ehemann zusätzlich zu der gesetzlichen Alterversorgung Ansprüche auf eine Betriebsrente, wird das Familiengericht die Betriebsrente in den öffentlich-rechtlichen Versorgungsausgleich mit einbeziehen, allerdings nur dann, wenn die Betriebsrente schon „unverfallbar“ ist, d.h. wenn der Ehemann mindestens 35 Jahre alt ist und 10 Jahre dem Betrieb angehört. Der Anteil der Betriebsrente, der während der Ehezeit erworben wurde, wird vom Gericht auf eine entsprechende Rente umgerechnet und auf das Rentenkonto der Ehefrau übertragen (vgl. § 3b Abs. 1 Nr. 1

VAHRG, § 1587 a Nr. 3, § 1587 Abs. 2 BGB). Hierbei ist zu beachten, daß der Anteil aus der Betriebsrente einen bestimmten gesetzlich vorgeschriebenen Höchstbetrag (vgl. § 76 Abs. 2 Satz 3 SGB VI) nicht übersteigt (so § 1587 b Abs. 5 BGB). Überschreitet der Übertragungsanspruch diesen Höchstbetrag, muß der Ehemann eine Rentenanwartschaft in der gesetzlichen Rentenversicherung für die Ehefrau durch Beitragszahlung begründen. Da dies oft hohe Summen erfordert, kann das Gericht auch eine Ratenzahlung anordnen. Auch diese muß dem Ehemann wirtschaftlich zuzumuten sein. Ist dies nicht der Fall, bleibt nur die Möglichkeit des schuldrechtlichen Versorgungsausgleiches (vgl. § 3b Abs. 1 Nr. 2 letzter Halbsatz VAHRG).

Schuldrechtlicher Versorgungsausgleich

Bei allen anderen Ansprüchen auf Alterversorgung, z.B. bei der betrieblichen Alterversorgung, die noch nicht unverfallbar ist, oder bei privaten Rentenversicherungen, die sich nicht gegen einen öffentlich-rechtlichen Versorgungsträger wenden und keine Realteilung kennen, gibt es die Möglichkeit des schuldrechtlichen Versorgungsausgleiches (vgl. § 2 VAHRG iVm §§ 1587 f-k BGB). Das bedeutet, daß der ausgleichspflichtige Ehegatte eine Geldrente zahlen muß, und zwar in Höhe der Hälfte des Betrages, um den seine Versorgungsanwartschaften die des anderen übersteigen.
Da der schuldrechtliche Versorgungsausgleich gegenüber dem öffentlich-rechtlichen Versorgungsausgleich den Berechtigten schlechter stellt, kommt er immer nur dann zum Tragen, wenn es keine anderweitige Ausgleichsart gibt (vgl. § 3 b VAHRG). Denn anders als beim öffentlich-rechtlichen Versorgungsausgleich, bei dem der Berechtigte mit der Übertragung von Rentenanwartschaften auf sein eigenes Rentenkonto einen eigenen Anspruch gegenüber dem Rentenversicherungsträger erwirbt, sind beim schuldrechtlichen Versorgungsausgleich Leistungen vom Verpflichteten erst dann zu erbringen, wenn einer der Partner ins Rentenalter kommt bzw. das 65. Lebensjahr vollendet oder der

Berechtigte aufgrund von Krankheit oder einer ähnlichen Situation nicht in der Lage ist, eine zumutbare Erwerbstätigkeit auszuüben (vgl. § 1587 g Abs. 1 Satz 2 BGB). Diese Regelung hat Nachteile und bedeutet für manchen Berechtigten eine unzumutbare Härte, z.B. dann, wenn der Verpflichtete stirbt, bevor er den Versorgungsfall erlebt, so daß der schuldrechtliche Versorgungsausgleich nicht mehr durchgeführt werden kann mit der Folge, daß der Berechtigte keine Geldrente mehr erhält. Dehalb ist der sogenannte verlängerte schuldrechtliche Versorgungsausgleich eingeführt worden (vgl. § 3 a VAHRG): Selbst nach dem Tode des ausgleichspflichtigen Ehegatten behält der Berechtigte einen Anspruch auf Zahlung einer Ausgleichsrente gegenüber dessen Versorgungsträger.
Der eher seltene schuldrechtliche Versorgungsausgleich tritt am häufigsten dann ein, wenn die Betriebsrente noch verfallbar ist.

Der 27jährige Adalbert K. ist seit fünf Jahren bei einem großen Chemiekonzern beschäftigt. Seine Ehefrau Renate K. reicht nach fünfjähriger Ehe die Scheidung ein. Im Rahmen des Ehescheidungsverfahrens führt das Gericht den öffentlich-rechtlichen Versorgungsausgleich durch. Es stellt fest, daß Adalbert K. Anspruch auf eine Betriebsrente hat, die allerdings noch nicht unverfallbar ist. Renate K. fragt, ob diese Betriebsrente bei der Durchführung des Versorgungsausgleiches berücksichtigt werden kann.

Da eine Berücksichtigung der Betriebsrente weder durch Rentensplitting noch Quasi-Splitting, Realteilung oder Quasi-Splitting analog möglich ist, kommt nur der schuldrechtliche Versorgungsausgleich in Betracht (vgl. § 2 VAHRG iVm §§ 1587 f bis k BGB analog). Das Gericht wird Renate K. deshalb darüber informieren, daß Ansprüche auf eine Beteiligung an der Betriebsrente frühestens dann geltend gemacht werden können, wenn Adalbert K. die Betriebsrente bezieht und auch sie Rentnerin wird, krankheitsbedingt nicht mehr arbeiten kann oder das 65. Lebensjahr vollendet hat. Die Ehefrau muß dann, wenn beide Ehepartner im Rentenalter sind, beim Familiengericht einen entsprechenden Antrag auf Durchführung des schuldrechtlichen Versorgungsausgleiches stellen.

Ausschluß des Versorgungsausgleiches

Der Versorgungsausgleich kann aus sogenannten Billigkeitsgründen gemäß der Härteklausel des § 1587 c BGB ausgeschlossen werden. Eine grobe unbillige Härte liegt z.B. dann vor, wenn der oder die Berechtigte längere Zeit der Pflicht, zum Familienunterhalt beizutragen, nicht nachgekommen ist oder durch eigenes Handeln oder Unterlassen bewirkt hat, daß keine eigenen Rentenanwartschaften erworben wurden. Ein Beispiel hierfür ist die sogenannte Studentenehe, in der der Ehemann während der Ehezeit studiert und die Ehefrau gearbeitet und sich um den Haushalt und die Kinder gekümmert hat, zu ihren Lasten aber der Versorgungsausgleich durchgeführt werden müßte.
Der Ausschluß des Versorgungsausgleiches soll jedoch nur in wenigen Ausnahmefällen greifen. Zum Beispiel wird eine Ehefrau den Auschluß des Versorgungsausgleiches nicht durchsetzen können, wenn sie während der gesamten Ehezeit bei ihrem selbständigen Ehemann angestellt war, obwohl ihr das Gehalt nie ausgezahlt wurde. In diesem Fall muß die Ehefrau grundsätzlich einen Teil ihrer Rente auf den Ehemann übertragen, da dieser aufgrund seiner Selbständigkeit keine eigenen Rentenanwartschaften erworben hat. Dies wird im Falle, daß die Eheleute im gesetzlichen Güterstand der Zugewinngemeinschaft leben, jedoch häufig kompensiert. Verfügt der Ehemann nämlich über Kapitallebensversicherungen, so wird die Ehefrau im Rahmen des Zugewinnausgleiches daran zu beteiligen sein. Besteht dagegen Gütertrennung, kommt auch ein solcher Ausgleich nicht in Betracht, so daß dann die Durchführung des Versorgungsaus-

gleiches eine grobe unbillige Härte darstellen würde. Im Ergebnis müßte nämlich die Ehefrau Teile ihrer Rentenanwartschaften auf ihren Ehemann übertragen, während dieser durch seine Kapitallebensversicherungen bereits eine ausreichende Altersversorgung aufgebaut hat.

Anne O. aus Essen ist bei ihrem Ehemann Heinz O. als kaufmännische Angestellte beschäftigt. Ihr monatliches Nettoeinkommen in Höhe von 2000 DM wird nicht an sie ausgezahlt. Allerdings übernimmt ihr Ehemann die Pflichtversicherungsbeiträge, insbesondere auch für die Rentenversicherung. Die Eheleute O. haben durch einen notariellen Vertrag den gesetzlichen Güterstand der Zugewinngemeinschaft ausgeschlossen und Gütertrennung vereinbart. Während Anne O. lediglich Rentenanwartschaften bei der BfA erworben hat, verfügt ihr Ehemann über eine ausreichende Altersversorgung in Form von privaten Kapitallebensversicherungen. Im Rahmen der Ehescheidung möchte Anne O. verhindern, daß der öffentlich-rechtliche Versorgungsausgleich durchgeführt wird, da sie von ihren Rentenanwartschaften einen Teil auf das Rentenkonto ihres Mannes übertragen müßte. Sie hält die Durchführung des Versorgungsausgleiches für eine unzumutbare Härte, da ihr Ehemann ja bereits eine weit bessere Altersversorgung aufgebaut hat, an der sie aufgrund der Gütertrennung nicht teilhat. Ihr Ehemann ist der Auffassung, der öffentlich-rechtliche Versorgungsausgleich sei durchzuführen.

Durch die Einführung des Versorgungsausgleiches wollte der Gesetzgeber erreichen, daß Eheleute eine zumindest annähernd gleichwertige Altersversorgung aufbauen können, unabhängig davon, ob sie nun berufstätig sind oder nicht. Würde man im vorliegenden Fall den öffentlich-rechtlichen Versorgungsausgleich durchführen, hätte man genau das Gegenteil erreicht. Der ohnehin durch private Kapitallebensversicherungen ausreichend versorgte Ehemann würde noch aus den geringen Rentenanwartschaften seiner Ehefrau Anteile erhalten, wodurch sich die Versorgung der Ehefrau weiter verschlechtert. Demnach wäre die Durchführung des Versorgungsausgleiches grob unbillig, so daß Anne O. verlangen kann, das er ausgeschlossen wird.

Verzicht auf Versorgungsausgleich

Der Gesetzgeber hat Eheleuten zwei Möglichkeiten eröffnet, Vereinbarungen über den Versorgungsausgleich zu treffen. Nach § 1408 Abs. 2 BGB kann ein Ehepaar per Vertrag den Versorgungsausgleich ausschließen; es muß dazu eine entsprechende notarielle Urkunde anfertigen lassen. Eine solche Vereinbarung verliert allerdings ihre Wirksamkeit, wenn einer der Eheleute vor Ablauf der Jahresfrist nach Errichtung der notariellen Urkunde den Scheidungsantrag stellt. Weiter sollte berücksichtigt werden, daß der Ausschluß oder Verzicht auf den Versorgungsausgleich automatisch zur Änderung des Güterstandes der Zugewinngemeinschaft führt. Vom Vertragsschluß an tritt Gütertrennung ein, es sei denn, in der notariellen Urkunde ist die Beibehaltung der Zugewinngemeinschaft ausdrücklich vereinbart. Da solche Verträge weitreichende finanzielle Konsequenzen nach sich ziehen, ist eine umfassende anwaltliche Beratung vor Unterzeichnung der notariellen Urkunde dringend erforderlich.
Darüber hinaus eröffnet § 1587 o BGB Eheleuten die Möglichkeit, im Rahmen der Scheidung eine Vereinbarung über den Versorgungsausgleich bis hin zu einem Verzicht zu treffen. Ein Verzicht auf den Versorgungsausgleich ist z.B. dann sinnvoll, wenn der Verzichtende bereits über eine ausreichende Altersversorgung verfügt und auf die Übertragung der Rentenanwartschaften des anderen Ehepartners nicht angewiesen ist. Allerdings ist eine solche Vereinbarung von der Genehmigung des Familiengerichts abhängig. Das Gericht wird prüfen, ob eine ausrei-

chende Versorgung des Berechtigten im Alter oder bei Erwerbsunfähigkeit gewährleistet ist. Dabei werden sowohl die Unterhaltsregelungen als auch die Vereinbarungen über die Vermögensauseinandersetzungen mit berücksichtigt. Notfalls wird man gegen den Willen der Parteien den Versorgungsausgleich durchführen.

Versorgungsausgleich bei Ehen in den neuen Bundesländern

Da das DDR-Familiengesetz keinen Versorgungsausgleich vorsah, gilt der Versorgungsausgleich nicht bei Ehen, die in der früheren DDR geschlossen und bis zum 31.12.1991 dort geschieden wurden. Erst bei denjenigen Ehen in den neuen Bundesländern, die seit dem 31.12.1991 geschieden werden, findet der Versorgungsausgleich gemäß §§ 1587 ff BGB statt. Ausnahmen sind im Art. 234, § 6, Abs. 2 EGBGB aufgeführt.
Personen, die vor dem 18.5.1990 aus der ehemaligen DDR in die BRD übergesiedelt sind, fallen unter das sogenannte Fremdrentengesetz (FRG). Nach diesem sind bestimmte ausländische Beitragszeiten den deutschen Versicherungszeiten gleichgestellt; entsprechend gilt für diese Fälle ebenfalls § 1587 a Abs. 2 Nr. 2 BGB.

Scheidungsfolgen II:

Scheidungsfolgen, die nicht zwingend von Amts wegen geregelt werden müssen

Sorgerecht

Bis zum 30.06.1998 war zwingend vorgeschrieben, daß im Scheidungsurteil die elterliches Sorge für die minderjährigen Kinder als Ehescheidungssfolgesache mitgeregelt werden mußte, wenn aus der Ehe gemeinsame Kinder hervorgegangen waren. Mit der gesetzlichen Neuregelung ist die Entscheidung über die elterliche Sorge aus dem Zwangsverbund der Ehescheidung herausgenommen worden, d.h., daß das Gericht sich nur noch auf Antrag, nicht mehr von amtswegen mit der elterlichen Sorge befaßt. Dem Antrag auf Übertragung der elterlichen Sorge wird stattzugeben sein, wenn erwartet werden kann, daß die Aufhebung der gemeinsamen Sorge und die Übertragung auf den antragstellenden Elternteil dem Wohl des Kindes am besten entspricht.

§ 1671 BGB:

I.

§ **Leben Eltern, denen die elterliche Sorge zusteht, nicht nur vorübergehend getrennt, so kann jeder Elternteil beantragen, daß ihm das Familiengericht die elterliche Sorge oder einen Teil der elterlichen Sorge allein überträgt.**

II.

Dem Antrag ist stattzugeben, soweit

§ **(1) der andere Elternteil zustimmt, es sei denn, daß das Kind das 14. Lebensjahr vollendet hat und der Übertragung widerspricht, oder**

§ **(2) zu erwarten ist, daß die Aufhebung der gemeinsamen Sorge und die Übertragung auf den Antragsteller dem Wohl des Kindes am besten entspricht.**

III.

§ **Dem Antrag ist nicht stattzugeben, soweit die elterliche Sorge aufgrund anderer Vorschriften abweichend geregelt werden muß.**

Für die Übertragung der elterlichen Sorge auf einen Elternteil allein ist es nun nicht mehr ausreichend, vorzutragen, daß wegen der dauernden Trennung eine Regelung der elterlichen Sorge erforderlich ist. Es ist vielmehr vom Gesetzgeber gewollt, daß beide Elternteile auch nach Trennung und Scheidung die elterliche Sorge gemeinsam wahrnehmen. Einigen sich die Eltern, daß entweder Mutter oder Vater das Sorgerecht übernimmt, so ist auch nach dem neuen Recht eine Übertragung der elterlichen Sorge auf einen Elternteil unproblematisch, § 1671 II, 1 BGB.
Ist das Sorgerecht für die minderjährigen Kinder jedoch im Streit zwischen den Elternteilen, so muß genau geprüft werden, ob die Aufhebung der gemeinsamen Sorge und die Übertragung auf den antragstellenden Elternteil dem Wohl des Kindes am besten entspricht. Im Grunde müssen zwei Fragen beantwortet werden:

Wieso ist die gemeinsame Sorge für das Kindeswohl nachteilig?
Warum dient die Übertragung der elterlichen Sorge auf den antragstellenden Elternteil dem Kindeswohl am meisten?

Es müssen somit wirklich triftige Gründe vorliegen, aufgrund derer der andere Elternteil nicht in der Lage ist, die elterliche Sorge mit auszuüben. Insoweit kommt es immer auf den Einzelfall an. Wichtig an der neuen Regelung ist, daß nunmehr jeder Elternteil,

bei dem sich das Kind mit Einwilligung des anderen oder aufgrund einer gerichtlichen Entscheidung gewöhnlich aufhält, die Befugnis zur alleinigen Entscheidung der Angelegenheiten des täglichen Lebens hat. Damit sind in der Regel solche Angelegenheiten der täglichen Betreuung gemeint, die häufig vorkommen und keine schwer abzuändernden Auswirkungen auf die Entwicklung des Kindes haben.
In wirklich entscheidenden Angelegenheiten müssen beide Elternteile gemeinsam entscheiden. § 1687 BGB:

§ **Leben Eltern, denen die elterliche Sorge gemeinsam zusteht, nicht nur vorübergehend getrennt, so ist bei Angelegenheiten, deren Regelung für das Kind von erheblicher Bedeutung ist, ihr gegenseitiges Einvernehmen erforderlich.**

Hierbei geht es um die Belange der Kindergarten- und Schulwahl, der Berufsausbildung, eines Auslandsaufenthaltes etc., da diese Dinge Auswirkungen auf die Entwicklung des Kindes haben.
Bei Gefahr im Verzug besteht nunmehr ein ausdrückliches Alleinvertretungsrecht jedes Elternteils, § 1629 I,4 BGB. Jeder Elternteil kann in der konkreten Gefahrensituation alle Rechtshandlungen vornehmen, die dem Wohl des Kindes dienen. Er ist jedoch verpflichtet, dem anderen Elternteil umgehend Nachricht zu geben.
Im Falle der Trennung und Scheidung haben beide Elternteile einen Anspruch auf Beratung durch die Jugendämter oder andere Einrichtungen. Die Beratung soll insbesondere helfen Konflikte zu bewältigen und im Falle der Trennung oder Scheidung eine dem Kindeswohl entsprechende Regelung hinsichtlich der elterlichen Sorge zu treffen. Das Beratungsangebot enthält nunmehr auch eine angemessene Beteiligung der Kinder. Eine solche war im bisherigen Recht nicht ausdrücklich vorgesehen.
Nach wie vor werden die zuständigen Jugendämter über ein anhängiges Scheidungsverfahren informiert, jedoch nur um

sicherzustellen, daß das Beratungsangebot den Eltern bekannt wird, wobei es keine Verpflichtung der Eltern gibt, das Beratungsangebot in Anspruch zu nehmen.

Erika B. aus Mönchengladbach ist seit einem Jahr von ihrem Ehemann getrennt. Sie lebt zusammen mit ihrem sechsjährigen Sohn Hendrik und der vierjährigen Tochter Sabine in ihrer eigenen Wohnung. Erika B. hat bereits das Scheidungsverfahren eingeleitet und beantragt die elterliche Sorge für die beiden Kinder für sich allein. Ihr Ehemann erklärt dem Gericht gegenüber, daß er mit dieser Regelung einverstanden ist.

Das neue Recht will auf keinen Fall den Eltern die gemeinsame Sorge aufzwingen. Nach wie vor kann ein Elternteil die elterliche Sorge für sich beantragen. Erika B. wird die alleinige elterliche Sorge erhalten, allein schon deshalb, weil hier zwischen den Eheleuten Einvernehmen besteht und davon auszugehen ist, daß dies dem Wohl der Kinder entspricht.

Margret T. aus Köln lebt mit ihren beiden Söhnen Michael (7) und Martin (8) seit zwei Jahren in einer eigenen Wohnung. Das Scheidungsverfahren läuft noch. Während die Kinder in der Schule sind, geht Margret T. einer Aushilfstätigkeit als Verkäuferin nach. Sie holt die Kinder von der Schule ab und kümmert sich nachmittags um sie. Der Vater der Kinder ist selbständiger Versicherungskaufmann. Er hat sein Büro so organisiert, daß er morgens auswärtige Termine wahrnimmt und am Nachmittag einige Kunden zu sich nach Hause bittet. In seiner Wohnung hat er ebenfalls ein komplettes Kinderzimmer für die beiden Söhne eingerichtet. Beide Eheleute beantragen die elterliche Sorge für die beiden Kinder jeweils für sich allein.

Da beide Parteien die elterliche Sorge für sich allein beantragen, muß jede der Parteien einen gesonderten Antrag stellen und darlegen, daß die Aufhebung der gemeinsamen Sorge und die Übertragung auf den Partner dem Kindeswohl am besten entspricht.
Im Hinblick darauf, daß nunmehr der betreuende Elternteil alleine die Dinge des täglichen Lebens entscheiden kann, wird es bei dem geschilderten Fall schwierig sein, daß nur die Ehefrau das alleinige Sorgerecht erhält. Insbesondere ist zu berücksichtigen, daß es bisher dem Kindeswohl offensichtlich nicht geschadet hat, daß die Kinder zeitweise bei dem Vater, der ein Kinderzimmer eingerichtet hat, und zeitweise bei der Mutter leben. Sollte sich allerdings bei den Beratungsgesprächen im Jugendamt ergeben, daß das für die Ausübung der gemeinsamen Sorge erforderliche Mindestmaß an Einvernehmen zwischen den Eheleuten nicht zu erzielen ist, so dürfte dem Kindeswohl mit der Alleinsorge eines Elternteils besser gedient sein, als mit einer aufgezwungenen gemeinsamen Sorge. Können im vorliegenden Fall beide Parteien im wesentlichen Einigungen über die Belange der Kinder erzielen, so dürften hier beide Anträge auf die Übertragung der alleinigen elterlichen Sorge zurückgewiesen werden.

Michaela W. aus Duisburg und ihr Ehemann Peter, beide Studenten der Sozialwissenschaften, haben sich einverständlich getrennt. Die vierjährige Tochter Vanessa lebt bei Michaela W. Der Ehemann Peter besucht seine Tochter täglich. Beide Elternteile haben den Wunsch, daß auch nach der durchzuführenden Scheidung das Sorgerecht bei beiden bleiben soll.

Im vorliegenden Fall sind sich beide Parteien einig, daß die elterliche Sorge gemeinsam ausgeübt werden kann. Nach dem neuen Recht muß insoweit kein Antrag mehr gestellt werden. Das Gericht muß nicht mehr zwingend über die elterliche Sorge entscheiden. Beide Elternteile behalten die elterliche Sorge.

Sollte es später zu erheblichen Problemen zwischen den Elternteilen kommen, was die Belange der Kinder anbelangt, so besteht auch nach neuem Recht die Möglichkeit einen entsprechenden Antrag auf Übertragung der elterlichen Sorge zu stellen. Ganz wichtig ist jedoch, daß nunmehr auch nur Teile der elterlichen Sorge z.B. das Recht der Schulwahl auf den betreuenden Elternteil übertragen werden können.

Waltraud K. und ihr Ehemann Hans aus Oer-Erkenschwick haben sich bei der Scheidung dahingehend geeinigt, daß die elterliche Sorge für die Kinder Janick und Boris gemeinsam ausgeübt werden soll. Das Gericht mußte daher über die elterliche Sorge nicht entscheiden. Einige Zeit nach der Ehescheidung schließt sich Hans K. einer religiös-fanatischen Sekte an und nimmt die beiden Kinder häufig zu Veranstaltungen dieser Sekte mit. Hans K. besteht darauf, daß die Kinder sich seinen neuen Lebensgewohnheiten anschließen. Waltraud K. ist entsetzt, weil sie die Lebensanschauung ihres geschiedenen Ehemannes nicht teilt und nicht wünscht, daß die Kinder unter den Einfluß einer Sekte geraten. Sie fragt, ob sie den Antrag stellen kann, daß ihr die alleinige elterliche Sorge übertragen wird.

Im vorliegenden Fall dürfte es der Kindesmutter gelingen, die alleinige elterliche Sorge zu erhalten, da die Fragen der zweistufigen Prüfung (siehe Seite 34) sicherlich zu ihren Gunsten beantwortet werden können. Die Aufhebung der gemeinsamen elterlichen Sorge entspricht deshalb dem Wohl der Kinder, weil hier die Gefahr besteht, daß die Kinder unter den Einfluß einer Sekte geraten und dies nicht mit dem Kindeswohl zu vereinbaren ist. Da hier mit einer teilweisen Übertragung des Sorgerechtes den Kindern nicht gedient ist, wird in diesem Fall die elterliche Sorge ganz auf die Mutter übertragen werden. Vorausgesetzt ist natürlich, daß die Befürchtungen der Kindesmutter zutreffend sind. Blosse Behauptungen reichen nicht aus. Auch insoweit wird das Jugendamt die Elternteile beraten und auch ein entsprechendes Konzept vorschlagen, daß dem Gericht als Entscheidungshilfe dienen kann.

Regelung der elterlichen Sorge für die Zeit des Getrenntlebens

Der neue § 1671 BGB gilt jetzt für alle Eltern, denen die elterliche Sorge gemeinsam zusteht. Die Vorschrift unterscheidet nicht mehr, wie das bisherige Recht zwischen Getrenntleben und Scheidung der Eltern. Es gelten daher die gleichen Entscheidungskriterien.

Bettina B. aus Wuppertal lebt von ihrem Ehemann seit drei Monaten getrennt. Mittlerweile wohnt sie mit ihrer kleinen Tochter Alexandra in Duisburg. In zwei Monaten möchte sie Alexandra in einer Waldorf-Schule anmelden. Der Ehemann ist mit dieser Regelung nicht einverstanden. Er möchte, daß seine Tochter in die nächstgelegene Grundschule geht.

Bettina B. muß hier einen Antrag auf Regelung der elterlichen Sorge beim zuständigen Familiengericht stellen. Um jedoch zu verhindern, daß ihr Antrag möglicherweise als unbegründet zurückgewiesen wird, ist eine umfangreiche Beratung durch einen Anwalt sowie das Jugendamt erforderlich. Möglicherweise reicht es in dem vorliegenden Fall aus, daß nur ein Teil der elterlichen Sorge übertragen wird, nämlich das Recht, die Schulwahl, für die Tochter Alexandra zu treffen. Es gilt nicht mehr das „Alles oder nichts"-Prinzip, da der Gesetzgeber nunmehr ausdrücklich eine Übertragung der elterlichen Sorge auch in Teilbereichen vorgesehen hat.

Zusammenfassend läßt sich daher feststellen, daß der Gesetzgeber mit der Neuregelung des Sorgerechts von getrenntlebenden oder geschiedenen Eheleuten grundsätzlich erwartet, daß diese das gemeinsame Sorgerecht ausüben und dazu auch größere Anstrengungen unternehmen als bisher. Nur in Ausnahmefällen soll im Hinblick auf das Wohl der Kinder das alleinige Sorgerecht auf einen Elternteil ganz oder teilweise übertragen werden.

Umgangsrecht

Nach dem neuen Recht ist § 1626 BGB um einen Absatz III erweitert worden. Gegenüber der bisherigen Regelung wird erweiternd ausdrücklich klargestellt, daß zum Kindeswohl der Umgang mit beiden Elternteilen und anderen Personen, zu denen das Kind Bindungen besitzt, gehört.

Wie schon bei der Regelung der elterlichen Sorge wird nicht mehr danach unterschieden, ob die Eltern miteinander verheiratet sind oder nicht. Es ist nunmehr im § 1684 BGB geregelt, daß das Kind ein Recht hat auf Umgang mit jedem Elternteil. Es besteht aber auch eine Verpflichtung jedes Elternteils den Umgang mit dem Kind wahrzunehmen. Nach wie vor kann der Umfang des Umgangsrechtes durch das Familiengericht entschieden werden, § 1684 Abs. 3 BGB. Das Gericht kann auch Anordnungen aussprechen, daß die Eltern alles zu unterlassen haben, was das Verhältnis des Kindes zum jeweils anderen Elternteil beeinträchtig oder die Erziehung erschwert, sogenannte Wohlverhaltensklausel. Das Gericht kann jedoch auch zukünftig nicht Anordnungen treffen, die einen Elternteil verpflichten von seinem Umgangsrecht Gebrauch zu machen.

Die Häufigkeit der Besuchstage ist nach wie vor gesetzlich nicht geregelt. Insoweit bleibt es bei der Abwägung, in wie weit Umgangsrecht zu bewilligen ist bei den bisherigen Kriterien. Grundsätzlich steht jedem Elternteil ein unverzichtbares Besuchs- bzw. Umgangsrecht mit den Kindern zu. Sinn und Zweck dieser Vorschrift ist, daß der Elternteil, bei dem das Kind nicht lebt, den

Kontakt zu den Kindern nicht verliert und die Möglichkeit hat, regelmäßig über das Befinden der Kinder informiert zu sein. Bei der Ausübung des Umgangsrechts wird allerdings nicht vorrangig das Elternrecht berücksichtigt, sondern vielmehr das Wohl der Kinder. Wie lange und wie häufig das Umgangsrecht zugestanden wird, hängt vorwiegend von dem Alter des Kindes und den Umständen des Einzelfalles ab. Allgemein wird davon ausgegangen, daß es dem Wohl des Kindes entspricht, einen engen Kontakt zu beiden Elternteilen zu haben. Es ist daher wünschenswert, wenn sich die Eltern ohne Einschaltung der Anwälte und Gerichte über das Umgangsrecht einigen können.

Bei einem schulpflichtigen Kind befürwortet das Familiengericht üblicherweise den Umgang mit dem anderen Elternteil an jedem zweiten Wochenende in der Zeit von Freitagabend bis Sonntagnachmittag. Zusätzlich steht diesem jeweils der zweite der gesetzlichen Doppelfeiertage (Ostern, Pfingsten, Weihnachten), sowie ein Teil der Schulferien zu. Meistens wird vereinbart, daß der Elternteil, bei dem die Kinder nicht ihren gewöhnlichen Aufenthalt haben, die Kinder von der Wohnung des anderen Elternteils abholt und zwei Tage später dort wieder hinbringt. Selbstverständlich kann dies auch anders gehandhabt werden, wobei die Umstände des Einzelfalles berücksichtigt werden sollten. Häufig kommt es zwischen den Elternteilen zu Überreaktionen, wenn sie sich in der vormals gemeinsamen Wohnung treffen. Es empfiehlt sich daher die für alle Beteiligten am wenigsten belastende Möglichkeit auszuprobieren. Bei Kindern im Säuglingsalter wird üblicherweise nur ein stundenweises Umgangsrecht vereinbart, da es bei der Übernachtung in fremder Umgebung Probleme geben kann. Möglicherweise ist der Elternteil, bei dem das Kind nicht ständig lebt, auch mit der Pflege des Kindes wie z.B. Wickeln und Füttern überfordert.

Frau Jutta M. aus Essen ist zusammen mit ihrem 14 jährigen Sohn Niklas und der einjährigen Tochter Sarah aus der ehelichen Wohnung ausgezogen. Die Eheleute sind sich darüber einig , daß für den Fall der Scheidung Jutta M. das alleinige Sorgerecht erhalten soll. Der Kindesvater besteht jedoch auf einem geregelten Umgangsrecht. Er möchte, daß beide Kinder jedes Wochenende in der Zeit von Freitagmittag bis Sonntagabend bei ihm verbringen. Der 14 jährige Sohn interessiert sich zunehmend für Mädchen seines Alters und hat keine Lust, jedes Wochenende seinen Vater zu besuchen. Die Tochter Sarah ist gesundheitlich sehr angegriffen, da sie unter Neurodermitis leidet. Jutta M. fragt, in welchem Umfang das Umgangsrecht zu gewähren ist.

Der Wille des Vaters, seine Kinder jedes Wochenende zu sehen, ist nur teilweise gerechtfertigt. Wie oben bereits dargelegt, kommt nur ein vierzehntägiges Besuchsrecht in der Zeit von Freitag bis Sonntag in Betracht, es sei denn, es ergeben sich Umstände, die ein häufigeres Besuchsrecht angemessen erscheinen lassen. Da Niklas bereits 14 Jahre alt ist, kommt es ganz entscheidend auf den Willen des Kindes an. Wünscht der Sohn häufigeren Kontakt zu seinem Vater, wird das Gericht diesen Wunsch bei seiner Entscheidung mit berücksichtigen. Das gilt auch, wenn Niklas aus nachvollziehbaren Gründen den Kontakt eher einschränken möchte. Schwieriger zu entscheiden ist die Frage des Umgangsrechtes in bezug auf die kleine Sarah. Da sie erst ein Jahr alt ist, wird ein stundenweises Besuchsrecht an einem Wochenendtag entweder wöchentlich oder vierzehntägig bewilligt werden. Bei Sarah sind jedoch besondere Umstände zu berücksichtigen, da sie an Neurodermitis erkrankt ist, was einen besonderen Pflegeaufwand erfordert. Zunächst ist zu prüfen, ob der Vater diesen leisten kann. Ist dies der Fall, kommt es weiter darauf an, ob sich die Ausübung des Umgangsrechtes möglicherweise nachteilig auf den Krankheitsverlauf auswirkt. Im Zweifelsfall kann dies nur durch ein Sachverständigengutachten geklärt werden. Kommt der Sachverständige zu dem Ergebnis, daß sich die Ausübung der Besuchsrechtes zumindest nicht nachteilig auswirkt, wird das Gericht das Umgangsrecht im oben beschriebenen Umfange bewilligen. Im anderen Fall wird das Gericht dagegen das Umgangsrecht ausschließen bzw. kürzen.

Beschützter Umgang

§ 1684, Abs. 4, S. 3 und 4 BGB regelt nunmehr den beschützten Umgang. Das Gericht kann anordnen, daß der Umgang nur in Gegenwart eines Mitarbeiters des Jugendamtes oder eines mitwirkungsbereiten Dritten stattfindet. Dies gilt insbesondere in den Fällen, in denen mit Kindesentführung gerechnet werden muß. Der sogenannte beschützte Umgang ist jetzt ausdrücklich geregelt worden. Damit wird deutlich, daß ein völliger Ausschluß des Umgangs nur in Betracht kommt, wenn auch ein beschützter Umgang nicht geeignet ist, dem Wohl des Kindes zu dienen. Es wird daher fortan sehr schwierig sein, den völligen Ausschluß des Umgangsrechtes zu erreichen. Diese Regelung kann sich sehr nachteilig für die Kindesmutter, bei der die Kinder leben, auswirken. Es kann auch nicht dem Wohl des Kindes entsprechen, in einer solch angespannten Situation dem Kindesvater zu begegnen. Nach bisherigem Recht war ein solch beschützter Umgang nach Absprache mit den Eltern bereits möglich. Die Erfahrung hat jedoch gezeigt, daß schon in der Vergangenheit die Jugendämter überlastet waren. Da nach dem neuen Recht mit einer Flut von weiteren Anträgen zu rechnen ist, ist nicht davon auszugehen, daß die Jugendämter zukünftig in der Lage sein werden, ordnungsgemäß den Umgang zu begleiten, insbesondere an Wochenenden.

Ilona B. aus Duisburg ist mit einem ausländischen Staatsbürger verheiratet. Aus der Ehe sind die beiden dreijährigen Zwillinge Sophie und Isabelle hervorgegangen. Der

Ehemann ist äußerst brutal und gewalttätig. Er hat die Ehefrau bereits mehrfach körperlich mißhandelt. Die Ehefrau hat bei der Trennung beide Kinder mitgenommen und lebt jetzt in einem Frauenhaus. Der Ehemann hat massiv gedroht, die Kinder bei nächster Gelegenheit zu entführen und in sein Heimatland zu verbringen. Er selber hat auch keine Bindung mehr an Deutschland. Der Ehemann hat einen Antrag an das zuständige Familiengericht gestellt, seine Kinder regelmäßig jeden Samstag zwischen 10 und 15 Uhr zu sehen.

Nach bisherigem Recht gab es die Möglichkeit, bei einem solchen Fall das Umgangsrecht des Vaters völlig zu unterbinden. Nach neuem Recht gibt es nunmehr die Möglichkeit des beschützten Umgangs, wonach angeordnet werden kann, daß der Kindesvater seine beiden Kinder wöchentlich oder vierzehntägig unter Aufsicht des Jugendamtes besuchen kann. Leider ist hier die Frage nicht geregelt worden, wie die Kindesmutter und die Kinder auf dem Weg zum Jugendamt und auf dem Rückweg geschützt werden können. Auch insoweit bleibt eine Umgangsregelung sehr problematisch.

Neu ist, daß das Umgangsrecht auch für Großeltern, Geschwister, Stiefelternteile und Pflegepersonen bewilligt werden kann (§ 1685 BGB). Das Umgangsrecht wurde allerdings begrenzt auf solche Personen, die dem Kind besonders nahe stehen. Auch hier ist Voraussetzung, daß der Umgang mit diesen dritten Personen dem Kindeswohl dient.

Die Ehe von Heike und Peter D. aus Mülheim ist geschieden worden. Nach übereinstimmenden Willen der Elternteile ist das Sorgerecht für den zehnjährigen Sohn Dennis und für die sechsjährige Tochter Jessika der Kindesmutter übertragen worden. Der Vater kann seine Kinder regel-

mäßig besuchen. Die Kindesmutter ist jedoch nicht damit einverstanden, daß ihre Schwiegereltern die Kinder regelmäßig sehen, da es persönliche Auseinandersetzungen zwischen der Kindesmutter und den Großeltern gegeben hat.

Die Großeltern Herbert und Uschi G. aus Essen-Dellwig beantragen nunmehr ein 14-tägiges Umgangsrecht mit ihren beiden Enkelkindern bei dem zuständigen Familiengericht.

Im Zuge der Kindschaftsrechtsreform steht jetzt den Großeltern ein Umgangsrecht zu. Inwieweit ein solches zu bewilligen sein wird, hängt auch wieder mit dem Wohl der Kinder zusammen. Üblicherweise entspricht es dem Kindeswohl, einen engen Kontakt zu den Großeltern aufrecht zu erhalten. Auch hier kommt es wieder auf den Einzelfall an. Persönliche Querelen zwischen der Kindesmutter und ihren Schwiegereltern sind nicht von Belang. Haben die Kinder bis zur Trennung bzw. Scheidung der Eltern einen engen Kontakt zu den Großeltern gehabt, wird das Familiengericht den Antrag der Großeltern Herbert und Uschi G. auf Umgangsrecht bewilligen.

Eine weitere Neuregelung ist, daß zum persönlichen Umgang auch Briefkontakte und Telefongespräche gehören. Auch insoweit können durch das Familiengericht Anordnungen getroffen werden.

Vermittlungsverfahren

Ist bereits eine gerichtliche Entscheidung über das Umgangsrecht mit den minderjährigen Kindern getroffen worden, so hat sich in der Praxis gezeigt, daß diese Vereinbarungen häufig sehr schwer durchzusetzen sind. Insoweit soll das neue gerichtliche Vermittlungsverfahren hilfreich sein. Ein Elternteil kann gemäß

§ 52 a FGG den Antrag auf Durchführung des Vermittlungsverfahrens stellen. Das Gericht klärt die Eltern darüber auf, welche Folgen es für das Wohl der Kinder haben kann, wenn ein Umgangsrecht nicht praktiziert wird. Es kann hier auch auf die Möglichkeit von Zwangsmitteln hinweisen. Kommt es in diesem Verfahren zu einer Einigung, kann diese als Vergleich protokolliert werden. Ist eine Einigung nicht zu erzielen, kann das Gericht entscheiden, ob nunmehr Zwangsmittel eingesetzt werden oder Änderungen der Umgangsregelungen angeordnet werden müssen.

Unterhalt

Im Rahmen des Scheidungsverfahrens können auch der nacheheliche Ehegatten- und der Kindesunterhalt geregelt werden. Das ist häufig deshalb erforderlich, weil derjenige, der Unterhalt zahlen muß, der sogenannte Unterhaltsschuldner, seinen Zahlungsverpflichtungen nicht, nicht in ausreichendem Maße oder nicht pünktlich nachkommt. Selbstverständlich können die Parteien sich auch außergerichtlich einigen, was wesentlich kostengünstiger ist.
Kindes- und Ehegattenunterhalt sind nicht erst nach der rechtskräftigen Scheidung, sondern auch schon während der gesamten Trennungszeit zu zahlen. Während sich der Unterhalt für die Zeit des Getrenntlebens von dem nachehelichen Unterhalt in der Berechnung unterscheidet, ist die Berechnung des Kindesunterhaltes für die genannten Zeitabschnitte gleich. Im folgenden soll daher zunächst der Kindesunterhalt behandelt werden.

Kindesunterhalt für minderjährige Kinder

Grundsätzlich hat derjenige Elternteil den Kindesunterhalt zu zahlen, bei dem die Kinder nicht leben. Der andere Elternteil kommt seiner Unterhaltsverpflichtung durch Naturalleistungen in Form von Verpflegung, Kochen, Waschen, Bügeln etc. nach. Auch heute noch sind es in der Regel die Frauen, die die Betreuung der Kinder übernehmen, wovon auch im folgenden ausgegangen wird. Selbstverständlich gibt es auch den umgekehrten Fall.

Ermittlung des Nettoeinkommens

Die Höhe des Kindesunterhaltes richtet sich zum einen nach dem unterhaltsrelevanten Nettoeinkommen des Unterhaltspflichtigen sowie nach dem Alter des Kindes, da sich mit höherem Alter auch der Unterhaltsbedarf erhöht. Einige Oberlandesgerichte in Deutschland haben Tabellen entwickelt, mit deren Hilfe sich der Kindesunterhalt berechnen läßt. Überwiegend wird nach der sogenannten Düsseldorfer Tabelle (DT) vorgegangen, wenn auch mit einigen Abweichungen.

Zum anrechenbaren Nettoeinkommen des Unterhaltspflichtigen gehören grundsätzlich alle Einkünfte, z.B. aus nichtselbständiger Arbeit wie Gehalt und Lohn von Angestellten und Arbeitern, aus gewerblicher Tätigkeit, z.B. Einkünfte eines selbständigen Handwerkers oder Unternehmers, oder aus freiberuflicher Tätigkeit, z.B. Einkünfte aus der Tätigkeit eines Anwalts, Arztes oder Steuerberaters. Zum Einkommen zählen auch Einkünfte aus Vermietung, Verpachtung und Kapitalvermögen sowie Renten und Arbeitslosengeld.

Erzielt der Unterhaltspflichtige Einkünfte aus nichtselbständiger Arbeit, so hat er grundsätzlich die letzten zwölf Gehaltsabrechnungen vorzulegen. Den Gehaltsabrechnungen können das Urlaubs- und Weihnachtsgeld und die Arbeitgeberanteile für die vermögenswirksamen Leistungen sowie die Überstunden entnommen werden. Diese werden mit den Nettobeträgen auf das Jahr umgelegt, so daß das durchschnittliche monatliche Nettoeinkommen errechnet werden kann. Jubiläumszahlungen, Tantiemen und Abfindungen werden ebenfalls berücksichtigt. Von dem so ermittelten durchschnittlichen Nettoeinkommen kann der Unterhaltspflichtige sogenannte berufsbedingte Aufwendungen abziehen. Im Geltungsbereich der DT darf eine Pauschale in Höhe von 5% des Nettoeinkommens, höchstens jedoch 260 DM veranschlagt werden. Will der Unterhaltsschuldner höhere berufsbedingte Aufwendungen geltend machen, so muß er diese im einzelnen anhand von Belegen nachweisen.

Erzielt der Unterhaltspflichtige Einkünfte aus selbständiger wie gewerblicher oder freiberuflicher Tätigkeit, so hat er die Bilanzen bzw. Einnahme-Überschußrechnungen der letzten drei Jahre vorzulegen. Anhand der ausgewiesenen Gewinne ermittelt man auch hier das durchschnittliche monatliche Nettoeinkommen; zuvor müssen selbstverständlich die anfallenden Steuerbeträge abgezogen werden. Allerdings kann sich der selbständige Unterhaltspflichtige nicht noch einmal berufsbedingte Aufwendungen anrechnen lassen, da diese bereits in den Bilanzen bzw. Überschußrechnungen berücksichtigt worden sind. Will der Unternehmer z.B. Kfz-Kosten unterhaltsmindernd in Abzug bringen, so wird man ihn darauf aufmerksam machen müssen, daß diese bereits als Kostenposition in die Bilanz- bzw. Überschußrechnung eingegangen sind und den Gewinn entsprechend gemindert haben.

! Es ist durchaus möglich, daß Bilanzen aus steuerrechtlicher Sicht keinen oder nur geringen Gewinn ausweisen. Dies sagt noch nichts über die Höhe des Einkommens aus, denn bestimmte Positionen in der Bilanz, wie z.b. Rückstellungen oder Abschreibungen, wirken sich nicht in jedem Fall unterhaltsmindernd aus.

In manchen Fällen müssen gewinnmindernde Positionen, die steuerrechtlich zulässig sind, dem Nettoeinkommen wieder hinzugerechnet werden, weil sie unterhaltsrechtlich anders zu beurteilen sind. So ist es z.B. steuerrechtlich durchaus erlaubt, Rückstellungen für Renovierungskosten zu bilden und auf diese Art und Weise den Gewinn zu mindern. Dies darf jedoch nicht zu einer Kürzung des Unterhaltes führen. Auch Abschreibungen für Anlagegüter sind nicht in jedem Falle unterhaltsmindernd. Dies gilt insbesondere dann, wenn für einen Betrieb luxuriöse Ausstattungen, Kunstgegenstände und ähnliches angeschafft werden. Solche Positionen müssen daher dem in der Bilanz ausgewiesenen Gewinn hinzugerechnet werden. Aus diesem Grunde hat der oder die Unterhaltsberechtigte Anspruch darauf, daß ihr die Bilanzen bzw. Einnahmeüberschußrechnungen vorgelegt werden. Das Vorlegen der Einkommensteuerbescheide ist nicht ausreichend.

Andere Einkommensarten, z.B. Einkünfte aus Vermietung und Verpachtung, aus Kapitalvermögen sowie Renten und Arbeitslosengeld, müssen ebenfalls sorgfältig ermittelt werden. Der Unterhaltspflichtige muß geeignete Unterlagen, aus denen die Einkünfte hervorgehen, vorlegen. Bei Kapitalvermögen sowie Vermietung und Verpachtung sind dies in der Regel die Einkommensteuererklärung nebst den speziellen Anlagen (Anlage K und Anlage VV). In den übrigen Fällen sind die entsprechenden Bewilligungs- bzw. Leistungsbescheide ausschlaggebend.

Von dem gesamten durchschnittlichen monatlichen Nettoeinkommen kann der Unterhaltspflichtige Aufwendungen für gemeinsame Schulden abziehen. Dazu zählen insbesondere die monatlichen Raten zur Rückführung eines gemeinsamen Darlehens, z.B. für die Anschaffung von Möbeln für die eheliche Wohnung. Nach Abzug dieser Kosten spricht man vom sogenannten anrechenbaren Einkommen des Unterhaltsverpflichteten im Hinblick auf den Kindesunterhalt.

Berechnung des Kindesunterhalts

Hedda E. aus Münster lebt mit ihrer fünfjährigen Tochter Michelle und dem achtjährigen Sohn Marcus seit elf Monaten von ihrem Mann getrennt in einer eigenen Wohnung. Das Scheidungsverfahren soll demnächst eingeleitet werden. Der Ehemann erzielt als kaufmännischer Angestellter ein durchschnittliches Nettoeinkommen von 4500 DM. Hedda E. fragt nach der Höhe des Kindesunterhaltes.

Zunächst einmal muß das sogenannte anrechenbare Nettoeinkommen des Unterhaltspflichtigen, wie in den vorangegangenen Abschnitten beschrieben, festgestellt werden, um dann anhand der in Frage kommenden Unterhaltstabelle die entsprechende Einkommensstufe zu ermitteln. Im vorliegenden Fallbeispiel ist Herr E. nach der DT der Einkommensgruppe 7 zuzurechnen. Anschließend werden die Kinder je nach Alter einer der vier Altersstufen zugeordnet. Es gibt folgende Altersstufen:

0 bis 5 Jahre
6 bis 11 Jahre
12 bis 17 Jahre
ab 18 Jahre

Entsprechend ist die Tochter Michelle in die erste, der Sohn Markus in die zweite Altersstufe einzuordnen. Anhand der Einkommensgruppe und der Altersstufe kann jetzt der Kindesunterhalt errechnet werden. Dabei ist zu berücksichtigen, daß die Tabelle monatliche Unterhaltsrichtsätze aufweist, die von dem Fall ausgehen, daß der Unterhaltspflichtige einem Ehepartner und zwei Kindern Unterhalt zu gewähren hat. Da dieser Fall bei Familie E. zutrifft, beträgt der Kindesunterhalt für die Tochter Michelle 496 DM und für den achtjährigen Sohn Markus 603 DM. Bei mehreren oder weniger Unterhaltsberechtigten kommt es zu einer Einstufung in die niedrigere bzw. höhere Einkommensgruppe. Weiter ist zu berücksichtigen, wer vom Ehepaar E. das Kindergeld erhält: Bekommt Hedda E. das Kindergeld ausgezahlt, ist der Ehemann berechtigt, den Kindesunterhalt um die Hälfte des Kindergeldbetrages zu kürzen. Erhält aber der Ehemann das Kindergeld, ist er verpflichtet, davon die Hälfte an die Ehefrau auszuzahlen.

Natürlich ist dem Unterhaltsverpflichteten ein gewisser Betrag zu belassen, damit er seinen Lebensunterhalt bestreiten kann. Dabei handelt es sich um den sogenannten Selbstbehalt. Insoweit hat sich die neue DT nicht geändert. Reicht das Einkommen des Unterhaltspflichtigen unter Berücksichtigung des Eigenbedarfes nicht aus, alle Unterhaltsansprüche zu erfüllen, liegt ein sogenannter Mangelfall vor. Das über dem notwendigen Selbstbehalt liegende Nettoeinkommen des Unterhaltspflichtigen wird dann auf die Unterhaltsberechtigten im Verhältnis ihrer jeweiligen Bedarfssätze gleichmäßig verteilt.

Ernst K. aus Gelsenkirchen verdient als Bergmann monatlich 3000 DM netto. Er schuldet Unterhalt für seine nicht berufstätige Ehefrau Erna, die zweijährige Tochter Nicola und den dreijährigen Sohn Björn. Ernst K. möchte wissen, wie sich der Unterhalt berechnet.

Der notwendige Selbstbehalt des Ehemannes liegt bei 1500 DM; somit bleibt lediglich eine Verteilungsmasse in Höhe von 1500 DM übrig. Der notwendige Gesamtbedarf für die Ehefrau beträgt dagegen nach der DT 1300 DM und jeweils 398 DM für die beiden Kinder, so daß insgesamt ein Unterhaltsanspruch in Höhe von 2096 DM besteht. Die Verteilungsmasse in Höhe von nur 1500 DM wird dann im Verhältnis ihrer jeweiligen Bedarfssätze gleichmäßig verteilt:

Erna K.:	1300 DM x 1500 DM : 2096 DM	=930,34 DM
Nicola:	398 DM x 1500 DM : 2096 DM	=284,83 DM
Björn:	398 DM x 1500 DM : 2096 DM	=284,83 DM
Verteilungsmasse		1500,00 DM

Die Summe der so errechneten Beträge muß mit der Verteilungssumme (= 1500 DM) identisch sein. Erna K. erhält daher für sich und ihre Kinder lediglich einen Betrag in Höhe von 1500 DM. Sie kann darüber hinaus Hilfe zum Lebensunterhalt beim Sozialamt beantragen.

In der DT findet sich eine Rubrik, die den sogenannten Bedarfskontrollbetrag des Unterhaltsverpflichteten ausweist. Dieser ist ab der 2. Einkommensgruppe nicht mit dem oben beschriebenen Selbstbehalt identisch. Vielmehr stellt der Bedarfskontrollbetrag eine Art Korrektiv dar, der eine ausgewogene Verteilung des Einkommens zwischen Unterhaltsverpflichteten und Unterhaltsberechtigten ermöglichen soll. Wird der Bedarfskontrollbetrag – auch unter Berücksichtigung des Ehegatten-Unterhaltes – unter- oder überschritten, wird eine Herabsetzung oder Höherstufung bei den Einkommensgruppen vorgenommen. Entsprechend sind die neuen Bedarfskontrollbeträge heranzuziehen.

Johann S. erzielt ein bereinigtes Nettoeinkommen in Höhe von 4800 DM und schuldet seiner Ehefrau Christine sowie der siebenjährigen Tochter Charlotte und der vierjährigen Tochter Sophie monatliche Unterhaltszahlungen. Christine S. fragt, mit welchen Unterhaltsbeträgen sie jetzt rechnen kann.

Grundsätzlich wäre Johann S. in der Einkommensgruppe 8 der DT einzustufen, wonach sich ein Kindesunterhalt für Charlotte in Höhe von 636 DM und für Sophie in Höhe von 524 DM ergibt. Der Getrenntleben-Unterhalt (= drei Siebtel des verbleibenden Einkommens) beträgt DM 1560. Folglich würden Johann S. lediglich 2080 DM verbleiben, während der Bedarfskontrollbetrag in der 8. Einkommensstufe der DT jedoch DM 2200 beträgt. Da der Kontrollbetrag damit unterschritten wird, soll der Unterhalt nach der nächstniedrigeren Einkommensstufe, also Stufe 7, berechnet werden. Danach ergibt sich ein Kindesunterhalt für Charlotte in Höhe von 603 DM, für Sophie in Höhe von 496 DM und ein Drei-Siebtel-Unterhalt für die Ehefrau in Höhe von 1586,15 DM. Johann S. verbleibt ein Betrag in Höhe 2114,85 DM, so daß der Bedarfskontrollbetrag für die Einkommensgruppe 7 (=2100 DM) gewahrt ist.

Der Bedarf des minderjährigen Kindes wird durch eigene Einkünfte gemindert. Hierzu zählen verschiedenste Formen von Unterstützungen oder Renten etc. Erhält das minderjährige Kind z.B. eine Ausbildungsvergütung, so wird dieselbe, vermindert um einen Betrag in Höhe von 150 DM für ausbildungsbedingten Mehrbedarf, angerechnet. Ein 16jähriges Mädchen hat nach der DT Anspruch auf Unterhalt in Höhe von monatlich 530 DM, bekommt aber für seine Ausbildung Unterstützung in Höhe von monatlich 500 DM, so wird dieser Betrag abzüglich 150 DM (= 350 DM) auf den Unterhaltsbetrag angerechnet. Der Unterhaltspflichtige hat somit lediglich einen Betrag in Höhe von 180 DM zu zahlen.

Auskunftsanspruch und Durchsetzung des Kindesunterhaltes
Häufig scheitert eine Unterhaltsberechnung daran, daß die von ihrem Ehemann getrennt lebende Kindesmutter keine oder nur sehr vage Informationen über das Nettoeinkommen des Ehemannes hat.

Irene P. aus Wanne-Eickel lebt zusammen mit ihrem dreijährigen Sohn Kevin und der vierjährigen Tochter Babette in einer eigenen Wohnung. Der Ehemann Werner P. zahlt keinen Pfennig Unterhalt und ist auch nicht bereit, Auskunft über sein Nettoeinkommen zu erteilen.

Damit der Unterhalt ordnungsgemäß berechnet werden kann, steht dem Unterhaltsberechtigten ein sogenannter Auskunftsanspruch zu. Läßt sich keine außergerichtliche Klärung herbeiführen, kann dieser Auskunftsanspruch zusammen mit der Unterhaltszahlungsklage gerichtlich geltend gemacht werden. Personen, die Einkünfte aus nichtselbständiger Arbeit haben, müssen die letzten zwölf Gehaltsabrechnungen vorlegen. Bei selbständig Tätigen berechnet sich das durchschnittliche Nettoeinkommen nach den Gewinnen der letzten drei Bilanzen (z.B. bei einer GmbH) bzw. Einnahme-Überschußrechnungen (Freiberufler).

Nach entsprechender Aufforderung hat Werner P. seine letzten zwölf Gehaltsabrechnungen vorgelegt, aus denen sich ein durchschnittliches monatliches Nettoeinkommen in Höhe von 3800 DM ergibt.

Irene P. kann daher für ihren Sohn Kevin und für die Tochter Babette jeweils 447 DM verlangen.

Klageverfahren

Werner P. will auch nach entsprechenden Aufforderungsschreiben durch den Anwalt keine Auskunft über sein Nettoeinkommen erteilen. Er hat darüber hinaus mitgeteilt, keinen Unterhalt zahlen zu wollen. Irene P. fragt nach ihren Möglichkeiten.

Irene P. steht nach § 1361 Abs. 4 Satz 4 iVm § 1605 BGB ein Auskunftsanspruch gegenüber ihrem Ehemann zu. Danach ist Werner P. verpflichtet, seine letzten zwölf Gehaltsabrechnungen vorzulegen. Diesen Anspruch wird Irene P. im Rahmen einer Stufenklage – einer Klage, in der erst im Zuge des Rechtsstreites Schritt für Schritt die entsprechenden Anträge gestellt werden – zusammen mit einem noch nicht bezifferten Zahlungsanspruch gerichtlich geltend machen. Werner P. wird antragsgemäß verurteilt werden, die entsprechende Auskunft über sein Nettoeinkommen zu erteilen.

Auch nach der Verurteilung verweigert Werner P. die geforderten Auskünfte.

Irene P. kann aus dem Teilurteil der Stufenklage – in diesem Fall die Verurteilung zur Auskunft – die Zwangsvollstreckung gegen ihren Ehemann einleiten. Die Zwangsvollstreckung findet in der Form statt, daß gegen Werner P. durch das Gericht Zwangsmittel verhängt werden, nämlich Zwangsgeld oder Zwangshaft (vgl. § 888 ZPO).

Nach entsprechender Zwangsmittelandrohung erteilt Werner P. endlich die geforderte Auskunft. Irene P. hat jedoch erhebliche Zweifel an der Vollständigkeit und Richtigkeit dieser Angaben, weil sie weiß, daß Werner P. nebenbei Taxi fährt, was er bei seinem Einkommensnachweis verschwiegen hat. Irene P. kann diese Tätigkeit aber nicht vor Gericht beweisen.

Der Auskunftsanspruch hat sich jedoch erledigt, da auch eine falsche Auskunft eine Auskunft im Rechtssinne ist. Irene P. hat allerdings jetzt noch die Möglichkeit, das Klageverfahren auf der zweiten Stufe weiter zu betreiben und ihren Ehemann dazu verurteilen zu lassen, die Richtigkeit und Vollständigkeit seiner Angaben an Eides Statt zu versichern.

Unter diesem Druck ergänzt Werner P. seine ursprüngliche Auskunft dahingehend, daß er durch Taxifahren ca. 1000 DM monatlich zusätzlich verdient.

Ausgehend von dem jetzt bekannten durchschnittlichen monatlichen Nettoeinkommen in Höhe von insgesamt 4800 DM (3800 DM Gehalt + 1000 DM Einnahmen durch Taxifahren) kann Irene P. nach der DT für ihre beiden Kinder jeweils einen Kindesunterhalt in Höhe von 524 DM verlangen.

Da Werner P. trotz entsprechender Aufforderung die geforderten Kindesunterhaltsbeträge nicht zahlt, setzt Irene P. den Prozeß in der dritten Stufe gegen ihren Ehemann fort. Dieser wird verurteilt, die entsprechenden Kindesunterhaltsbeträge zu zahlen. Doch auch nach der Verurteilung kommt Werner P. seinen Zahlungsverpflichtungen nicht nach. Irene P. fragt erneut nach ihren Möglichkeiten.

Sobald die vollstreckbare Ausfertigung des Urteils Werner P. zugestellt worden ist, kann Irene P. erneut die Zwangsvollstreckung betreiben. Sinnvollerweise sollte hier eine Gehaltspfändung durchgeführt werden, da der größte Teil des Einkommens durch nichtselbständige Arbeit aus einem festen Anstellungsverhältnis erzielt wird. Der Arbeitgeber wird dann die entsprechenden Beträge vom Gehalt einbehalten und an Irene P. weiterleiten.

Vereinfachtes Verfahren

Nach dem neuen Recht kann der Kindesunterhalt für minderjährige Kinder in einem vereinfachten Verfahren geltend gemacht werden. Dieses Verfahren ist vergleichbar mit dem bisherigen Verfahren, wonach nichteheliche Kinder nach der Regelbetragsverordnung den Mindestkindesunterhalt geltend machen konnten. Nunmehr sind auch im Unterhaltsrecht nichteheliche Kinder und eheliche Kinder gleichgestellt. Es gibt somit nach neuem Recht die Möglichkeit der Geltendmachung des Regelunterhaltes für alle minderjährigen Kinder, vorausgesetzt, daß das Kind nicht bei dem Elternteil lebt, gegen den der Unterhaltsanspruch geltend gemacht wird. Ab dem 01.07.1998 gelten nach der Regelbetragsverordnung folgende Regelbeträge:

1. Altersstufe (0 – 5 Jahre)	349 DM
2. Altersstufe (6 – 11 Jahre)	424 DM
3. Altersstufe (12 – 17 Jahre)	502 DM

Für die neuen Bundesländer gelten folgende Regelbeträge:

1. Altersstufe (0 – 5 Jahre)	314 DM
2. Altersstufe (6 – 11 Jahre)	380 DM
3. Altersstufe (12 – 17 Jahre)	451 DM

Im vereinfachten Verfahren können Unterhaltsbeträge nur bis zur Höhe des 1,5-fachen des Regelbetrages der jeweiligen Altersstufe geltend gemacht werden. Das bedeutet, daß im sogenannten vereinfachten Verfahren Unterhaltsansprüche nur bis zu den Beträgen geltend gemacht werden können, die im Rahmen der Einkommensgruppe VIII der DT liegen. Dies wird an folgendem Rechenbeispiel deutlich: Der Regelbetrag der 1. Altersstufe beträgt 349 DM . 150 % davon betragen 523,50 DM aufgerundet 524 DM. Dieser Betrag entspricht dem Unterhaltsbetrag der Einkommensgruppe VIII und Altersstufe 1 der DT. Bei höheren Einkommen ist somit eine Geltendmachung der Unterhaltsansprüche im vereinfachten Verfahren nicht möglich. Das vereinfachte Verfahren bietet in dem Fall, daß der Unterhalt prozentual geltend gemacht wird den Vorteil, daß die Unterhaltsansprüche sich automatisch mit jeder Änderung der Regelbeträge ändern, ohne das die Gerichte eingeschaltet werden müssen. Gem. § 1612a, Abs. 4 BGB werden demnächst alle zwei Jahre, erstmals ab dem 01.07.1999, entsprechend der Nettolohnentwicklung die Regelbeträge angepasst.

Der unterhaltsverpflichtete Igor A. aus Essen hat entsprechende Auskünfte über sein Nettoeinkommen erteilt. Er verdient als Telefonverkäufer monatlich zwischen 3100 DM und 3500 DM. Igor A. ist nur seiner vierjährigen Tochter Sarah zu Unterhaltszahlungen verpflichtet.

Igor A. schuldet mithin einen Mindestkindesunterhalt nach der DT, Einkommensgruppe IV, Höherstufung in Einkommensgruppe VI und Altersstufe 1 in Höhe von 471 DM. Da Igor A. nicht über ein höheres Einkommen als in Einkommensgruppe VIII verfügt, bietet sich an, hier die Unterhaltsansprüche für die minderjährige Sarah im vereinfachten Unterhaltsverfahren geltend zu machen.
471 DM betragen 134,9 % des Mindestunterhaltes laut DT in Höhe von 349 DM und machen somit einen Betrag in Höhe von

470,80 DM aufgerundet 471 DM aus. Gem. § 1612a, Abs. 2 BGB ist der Prozentsatz auf eine Dezimalstelle zu begrenzen. Jede weitere Dezimalstelle wird nicht berücksichtigt. Der sich bei der Berechnung des Unterhalts ergebende Unterhalt ist auf volle Deutsche Mark aufzurunden. Der Tochter Sarah stehen somit im vereinfachten Verfahren 134,9 % des Regelsatzes der 1. Altersstufe zu. Für dieses Verfahren ist nicht mehr der Familienrichter zuständig, sondern der Rechtspfleger. Der Prozentsatz, der als Unterhaltsbetrag geltend gemacht wird, ist in einem Formular, daß im Anhang (Seite 143) abgedruckt ist, anzukreuzen und dem Rechtspfleger vorzulegen.

Das vereinfachte Verfahren ist von Vorteil, weil insoweit schneller und kostengünstiger ein sogenannter Unterhaltstitel geschaffen werden kann als im herkömmlichen Klageverfahren (siehe oben). Der Unterhaltsschuldner kann im vereinfachten Verfahren nicht ohne weiteres geltend machen, er sei zu Unterhaltszahlungen nicht in der Lage. Gibt der Unterhaltsschuldner z.B. an, er sei aufgrund seiner Einkommensverhältnisse nach der DT nur verpflichtet, einen geringeren Unterhaltsbetrag zu zahlen, so wird der Rechtspfleger diesen Einwand nur beachten, wenn der Unterhaltsschuldner zugleich einen bestimmten Unterhaltsbetrag anerkennt und sich auch insoweit zur Zahlung verpflichtet. Darüber hinaus muß der Unterhaltsschuldner über seine Einkünfte, sein Vermögen, seine persönlichen, wirtschaftlichen Verhältnisse Auskunft erteilen und die entsprechenden Belege vorlegen. All dies geschieht in einem entsprechenden Formular.

Die vertretungsberechtigte Mutter Karin verlangt von Ihrem geschiedenen Ehemann Igor A. aus Essen einen monatlichen Kindesunterhalt in Höhe von 524 DM und macht beim Rechtspfleger in dem entsprechenden Formular 150 % des Regelbetrages der 1. Altersstufe in Höhe von 349 DM geltend. Igor A. erklärt dem Rechts-

pfleger, daß er 524 DM nicht bezahlen kann, da sein Einkommen zwischen 3.100 DM und 3.500 DM liegt. Gleichzeitig erklärt er, er sei aber bereit, einen Betrag in Höhe von 471 DM zu zahlen. Igor A. legt die erforderlichen Belege über seine Einkommensverhältnisse vor. Welcher Unterhaltsanspruch steht dem Kind Sarah zu?

Der Rechtspfleger wird die Einkommensunterlagen überprüfen und der vertretungsberechtigten Kindesmutter erklären, daß er den Regelunterhalt in Höhe von 471 DM = 134,9 % des Regelbetrages der 1. Altersstufe in Höhe von 349 DM in einem entsprechenden Beschluß festsetzen kann, mit der Folge, daß dieser Unterhalt tituliert ist und zukünftig auch vollstreckt werden kann. Ein weitergehender Unterhaltsanspruch kann dann im streitigen Verfahren vor dem Familiengericht ergänzend zu dem im vereinfachten Verfahren bereits festgesetzten Unterhalt erstritten werden. Möglicherweise hat Igor A. aus Essen nicht vollständig dem Rechtspfleger gegenüber die Auskünfte erteilt und es besteht die Möglichkeit, im Klageverfahren einen höheren Unterhalt zu erstreiten.

Ausweitung des Auskunftsrechts

Zwar haben die Gerichte bereits in der Vergangenheit davon Gebrauch gemacht, von Amts wegen Lohnbescheinigungen einzuholen. Nach dem neuen Kindschaftsrecht gem. § 643, Abs. 1 ZPO hat das Gericht nunmehr die Befugnis erhalten, von beiden Parteien dem Unterhaltsberechtigten und dem Unterhaltsverpflichteten bezüglich aller Angaben, die für die Berechnung des Unterhaltes erforderlich sind, Belege anzufordern. Für den Fall, daß nicht oder nicht vollständig Auskunft erteilt wird, hat das Gericht die Befugnis, Auskünfte von bestimmten Dritten insbesondere von Arbeitgebern, Sozialleistungsträgern, Versicherungsunternehmen, Finanzamt sowie Trägern der Sozialhilfe zu erfragen, § 643, Abs. 2 ZPO.

Ganz wichtig!
Derjenige Elternteil, der den Kindesunterhalt für das minderjährige Kind geltend macht, hat im Grunde zukünftig unterschiedliche Möglichkeiten der Verfahrensart.

1. Das herkömmliche Klageverfahren

Dieses Verfahren bietet sich an, wenn feststeht, daß der Unterhaltschuldner über ein höheres Nettoeinkommen als das in Gruppe VIII der DT verfügt, da im vereinfachten Verfahren nur bis zu diesem Nettoeinkommen der Unterhalt geltend gemacht werden kann. Ferner bietet sich das Klageverfahren für den Fall an, daß im vereinfachten Verfahren nicht vollständig Auskünfte erteilt worden sind bzw. Zweifel bestehen.

2. Vereinfachtes Verfahren

Auch hier gibt es drei Möglichkeiten. Der Kindesunterhalt kann im vereinfachten Verfahren als Prozentsatz in der jeweilig geltenden Altersstufe verlangt werden.

Es kann darüber hinaus der Regelunterhalt für die nächsthöheren Altersstufen mit beantragt werden, mit der Folge, daß der Unterhaltsbetrag nicht nur alle zwei Jahre der Nettolohnentwicklung angepaßt wird, ohne daß das Gericht bemüht werden muß, sondern auch der Unterhaltsbetrag sich automatisch erhöht, wenn das Kind in eine nächsthöhere Altersstufe der DT eingestuft werden muß.

Auch kann ein bezifferter Betrag als Unterhaltsanspruch geltend gemacht werden. Dies bietet sich jedoch nur an, wenn rückständige Unterhaltsansprüche im Raume stehen.

Kindesunterhalt für volljährige Kinder

Eltern schulden ihren volljährigen Kindern grundsätzlich so lange Unterhalt, bis diese ihre wirtschaftliche Selbständigkeit erlangt haben, wobei jedoch von Ausnahmen abgesehen nur eine Ausbildung zu finanzieren ist. Diese kann allerdings unter Umständen eine abgeschlossene Lehre und ein darauf aufbauendes Studium beinhalten. Erlernt ein Mädchen zunächst den Beruf der Krankenschwester und beginnt dann mit einem Studium der Medizin, so ist hier eine einheitliche Ausbildung anzunehmen. Entschließt sich dagegen die volljährige Tochter, nach der Ausbildung zur Krankenschwester noch eine Ausbildung zur Rechtsanwaltsgehilfin zu beginnen, so brauchen die Eltern diese Ausbildung nicht mehr zu finanzieren. Das volljährige Kind hat auch keinen Anspruch auf die Finanzierung eines unbegrenzt langen Studiums. Grundsätzlich sind die sogenannten Regelstudienzeiten, wie sie auch beim Bezug von Leistungen nach dem Bundesausbildungsförderungsgesetz (BAföG) gelten, einzuhalten. Ergeben sich jedoch besondere Umstände, z.B. durch Krankheit eines Kindes, so haben die Eltern das Kind in der verlängerten Studienzeit zu unterstützen. Der Unterhaltsrichtsatz für ein volljähriges Kind mit eigener Wohnung beträgt nach der DT monatlich 1100 DM. Lebt das volljährige Kind noch bei einem Elternteil in der Wohnung, so entnimmt man den Unterhaltssatz der dritten Altersstufe der DT. Auf diesen Betrag wird ein Zuschlag in Höhe der Differenz der zweiten und dritten Altersstufe der jeweiligen Einkommensgruppe gewährt. Selbstverständlich sind eigene Einkünfte des volljährigen Kindes in Abzug zu bringen.

Der 22jährige Theologiestudent Thomas B. bewohnt in Münster eine Studentenwohnung. In den ersten Semestern hat er einen Teil seines Lebensunterhaltes dadurch bestritten, daß er abends in einer Studentenkneipe gekellnert hat. Zur Zeit hat er die ersten Prüfungen abzulegen und kann daher dieser Nebentätigkeit nicht mehr nachgehen. Seine Eltern Werner und Margarete B. leben voneinander getrennt. Sein Vater erzielt als Personalleiter ein monatliches Nettoeinkommen in Höhe von 6000 DM, seine Mutter als Verkäuferin ein monatliches Nettoeinkommen in Höhe von 2000 DM. Thomas B. verlangt von seinem Vater einen monatlichen Kindesunterhalt in Höhe von 1100 DM.

Da der Student Thomas B. volljährig ist und nicht mehr zu Hause wohnt, steht ihm ein Regelunterhalt in Höhe von 1100 DM zu. Der Unterhaltsanspruch ist jedoch nicht allein gegen den Vater zu richten, da bei volljährigen Kindern grundsätzlich beide Elternteile zahlungsverpflichtet sind. Allerdings kommt es auf die Leistungsfähigkeit jedes Elternteils an, d.h. die Eltern schulden jeweils einen Teil des Unterhaltsbetrags, der sich nach der Höhe ihrer Einkommen abzüglich des notwendigen Eigenbedarfes (= Selbstbehalt) richtet. Da volljährige Kinder nicht mehr den Betreuungsbedarf wie minderjährige Kinder haben, ist auch der notwendige Selbstbehalt ihnen gegenüber auf 1800 DM erhöht.

Im Falle der Familie B. verbleibt der Mutter bei einem Einkommen in Höhe von 2000 DM und einem Selbstbehalt in Höhe von 1800 DM ein Rest von 200 DM, dem Vater dagegen verbleiben nach Abzug des Selbstbehaltes 4200 DM. Beide Restsummen werden addiert, um anschließend den prozentualen Unterhaltsanteil zu ermitteln:

200,00 DM + 4200,00 DM = 4400,00 DM
200,00 DM v. 4400,00 DM = 4,55%
4200,00 DM v. 4400,00 DM = 95,45 %

Demnach hat die Mutter 4,55% von 1100 DM = 50,05 DM, der Vater den Rest in Höhe von 95,45% = 1049,95 DM zu zahlen.

Wenn die Verpflichteten lediglich über ein Nettoeinkommen in Höhe des erhöhten Selbstbehaltes verfügen, brauchen sie den Volljährigenunterhalt nicht zu zahlen. Studierenden volljährigen Kindern stehen in einem solchen Fall BAföG-Leistungen zu. In vielen Fällen ist die Mutter des volljährigen Kindes nicht in der Lage, Unterhalt zu zahlen, da sie entweder überhaupt keine Einkünfte hat oder ihre Einkünfte unter dem Selbstbehalt liegen. In einem solchen Fall hat der Vater den Kindesunterhalt allein zu tragen.

Kindesunterhalt für volljährige Kinder bis zur Vollendung des 21. Lebensjahres

Eine Ausnahmeregelung besteht nunmehr für die Kinder, die zwar schon volljährig sind, aber das 21. Lebensjahr noch nicht vollendet haben. Für diese Kinder soll der Unterhaltsanspruch dem Unterhaltsanspruch der minderjährigen Kinder gleichgestellt werden, d.h., daß es bei den Beträgen der DT verbleibt und dieser Unterhalt auch nur von dem Elternteil zu zahlen ist, bei dem das Kind nicht lebt. Voraussetzung ist jedoch, daß das volljährige Kind sich noch im Haushalt des anderen betreuenden Elternteils aufhält und sich noch in der allgemeinen Schulausbildung befindet. Es gilt mithin für diese Kinder auch der verminderte Selbstbehalt, somit 1.500 DM bzw. 1.300 DM und nicht der erhöhte Selbstbehalt in Höhe von 1.800 DM. Auch sind die Kinder nicht mehr im Verhältnis der Ehegatten nachrangig.

Sonderunterhalt

Mechthild K. aus Neuss lebt mit ihren beiden Söhnen Max (8) und Moritz (10) in einer eigenen Wohnung. Der Ehemann zahlt den geforderten Regelunterhalt nach der DT. Im kommenden Monat sollen beide Kinder an einer Klassenfahrt in die Eifel teilnehmen. Die Unterbringung erfolgt in einem Schullandheim. Die Kosten belaufen sich pro Kind auf 200 DM. Mechthild K. möchte wissen, ob sie neben dem laufenden Kindesunterhalt auch die Kosten für die Klassenfahrt von ihrem getrennt lebenden Ehemann verlangen kann.

Der Unterhaltsbedarf für Kinder setzt sich zusammen aus dem sogenannten laufenden Bedarf, der mit dem Regelunterhalt abgegolten wird, und dem sogenannten Sonderbedarf, für den der Unterhaltspflichtige Sonderunterhalt schuldet. Die Kosten für die Klassenfahrt stellen u.U. sogenannten Sonderbedarf nach § 1613 Abs. 2 BGB dar. Darunter versteht man unregelmäßigen und gleichzeitig außergewöhnlich hohen Bedarf, der zusätzlich zum laufenden Unterhalt befriedigt werden muß. Soweit der Ehemann leistungsfähig ist, d.h. soweit er so viel verdient, daß sein Eigenbedarf gesichert ist, hat er diesen Sonderbedarf zu übernehmen. Mechthild K. kann daher die Kosten für die Klassenfahrt von ihrem Ehemann als Sonderunterhalt verlangen.
Einige Gerichte erkennen unvorhergesehene Arzt- und Arzneikosten, soweit sie nicht von der Krankenkasse übernommen werden, oder kieferorthopädischen Behandlungen als Sonderbedarf an. Auch Umzugs- und Renovierungskosten können Sonderbedarf darstellen. Je nach den Umständen sind auch Kosten für Nachhilfestunden sowie Kosten der Konfirmation bzw. Kommunion als Sonderbedarf anzusehen. Es kommt hier auf den jeweiligen Einzelfall an.

Kindesunterhalt für Kinder aus Ehen in den neuen Bundesländern

In den neuen Bundesländern berechnet sich der Kindesunterhalt ebenfalls nach den §§ 1601 ff BGB. Aufgrund der anderen Einkommenssituation sind aber die entsprechenden Unterhaltstabellen anzuwenden, z.B. die sogenannte Berliner Tabelle für das Land Berlin, die Thüringer Tabelle oder die Unterhaltsleitlinien der Oberlandesgerichte Brandenburg, Dresden, Jena, Naumburg und Rostock.

Unterstützung durch den Staat

Kindergeld

Der Staat unterstützt die Eltern finanziell durch Zahlung von Kindergeld nach den Vorschriften des Bundeskindergeldgesetzes (BKGG). Die Dauer ist grundsätzlich bis zum 16. Geburtstag des Kindes beschränkt, es sei denn, das Kind befindet sich nach diesem Zeitpunkt in einer Schul- oder Berufsausbildung oder leistet ein freiwilliges soziales Jahr ab. Anspruch auf Kindergeld besteht auch dann, wenn das Kind an einer Behinderung leidet und durch diese für den eigenen Lebensunterhalt nicht sorgen kann.

Seit dem 01.01.1996 gelten folgende Beträge:

Erstes Kind:	220,00 DM
Zweites Kind:	220,00 DM
Drittes Kind:	300,00 DM
Ab dem vierten Kind:	350,00 DM

Während bisher das Kindergeld alle zwei Monate von der Kindergeldkasse des Arbeitsamtes ausgezahlt wurde, läuft die Abwicklung seit dem 01.01.1996 über den Arbeitgeber. Es sind jedoch eine solche Vielzahl von Ausnahmen vorgesehen, daß sich in vielen Fällen an der bisherigen Praxis nichts ändert.
Das Kindergeld steht grundsätzlich demjenigen Elternteil zu, bei dem die Kinder leben. Gleichzeitig reduziert sich der für jedes Kind zu zahlende Unterhalt um die Hälfte des jeweiligen Kindergeldbetrages.

Unterhaltsgeld nach dem Unterhaltsvorschußgesetz

Eine weitere Hilfe des Staates stellt das Unterhaltsgeld nach dem

Unterhaltsvorschußgesetz dar, daß jedoch längstens sechs Jahre gezahlt wird. Danach kann ein alleinerziehender Elternteil den jeweiligen Mindest-Kindesunterhalt bis zum 12. Lebensjahr des Kindes geltend machen, wenn von dem anderen Elternteil der Unterhalt nicht oder nur unregelmäßig gezahlt wird. Zur Geltendmachung des Unterhaltsvorschusses ist es nicht erforderlich, daß der Vater schon zur Unterhaltszahlung verurteilt ist. Der Anspruch kann bei der zuständigen Stadt (Jugendamt) geltend gemacht werden, in der der alleinerziehende Elternteil lebt, wenn der andere Elternteil entweder nicht leistungsfähig ist oder jegliche Zahlungen ablehnt. Der Unterhaltsanspruch gegenüber dem Unterhaltspflichtigen geht in Höhe des geleisteten Unterhaltsvorschusses auf das jeweilige Amt über. Das heißt, daß im Falle der Unterhaltsklage nur der überschießende Kindesunterhalt an das unterhaltsberechtigte Kind zu Händen seiner Mutter ausgezahlt wird. Der bereits gezahlte Unterhalt muß an das zuständige Amt zurückgeführt werden. Der Mindestkindesunterhalt nach dem Unterhaltsvorschußgesetz für ein Kind in der ersten Altersstufe (0 bis 5 Jahre), beträgt nach der DT 349 DM. Dieser Betrag wird nach dem Unterhaltsvorschußgesetz an die Mutter des Kindes ausgezahlt. Schuldet der Vater aufgrund seiner Einkommensverhältnisse einen monatlichen Kindesunterhalt nach der Einkommensgruppe 4 der DT in Höhe von monatlich 423 DM, und zahlt er auch den rückständigen erhöhten Kindesunterhalt, so erhält das zuständige Amt den geleisteten Unterhaltsvorschuß in Höhe von 349 DM. Lediglich der Differenzbetrag in Höhe von 74 DM verbleibt bei der Mutter.

Erziehungsgeld

Eine weitere staatliche Unterstützung stellt das Erziehungsgeld dar. Dieses wird von dem zuständigen Versorgungsamt gezahlt. Das Erziehungsgeld wird ab dem Tag der Geburt bis zur Vollendung des 18. bzw. 24. Lebensmonates bei Kindern gezahlt, die nach dem 31.12.1992 geboren wurden. Das Erziehungsgeld beträgt monatlich 600 DM. Voraussetzung für die Zahlung des Erziehungsgeldes ist jedoch, daß der sorgeberechtigte Elternteil mit dem Kind in einem Haushalt lebt, es selber erzieht und keine oder keine volle Erwerbstätigkeit ausübt. Ab dem 7. Lebensmonat des Kindes kann je nach den Einkommensverhältnissen das Erziehungsgeld gekürzt werden.

ACHTUNG: Das Erziehungsgeld wird bei dem Ehegatten-Unterhalt nicht unterhaltsmindernd angerechnet.

Unterhalt für die Ehefrau

Getrenntleben-Unterhalt

Ist in einer Ehe der Ehemann Alleinverdiener, hat die Ehefrau grundsätzlich einen Anspruch auf angemessenen Unterhalt, vorausgesetzt, der Ehemann ist leistungsfähig. Dies trifft auch für die Zeit des Getrenntlebens zu. Die Höhe der Unterhaltes richtet sich nach den Lebens-, den Erwerbs- und Vermögensverhältnissen (vgl. § 1361 Abs. 1 BGB). Nach § 1361 Abs. 2 BGB besteht für die Ehefrau allerdings eine Verpflichtung, ihren Unterhalt selbst zu verdienen, wenn ihr dies nach ihren persönlichen und nach den wirtschaftlichen Verhältnissen beider Ehegatten zugemutet werden kann, z.B. wenn sie früher erwerbstätig und die Ehe nicht von langer Dauer war. Hat aber die Ehefrau z.B. während der gesamten Ehezeit nicht gearbeitet, so kann von ihr ab dem Zeitpunkt der Trennung nicht von heute auf morgen die Aufnahme einer beruflichen Tätigkeit verlangt werden. So lange die Ehefrau ein oder mehrere Kinder unter acht Jahren zu versorgen hat, ist ihr ebenfalls eine berufliche Tätigkeit nicht zuzumuten. Dies ist auch dann der Fall, wenn sie krank ist, sich bereits im vorgerückten Alter befindet oder nach Absprache mit ihrem Ehemann während der Ehe nicht berufstätig war. Es gelten hier die gleichen Grundsätze, wie sie die §§ 1569 ff BGB für den nachehelichen Unterhalt vorschreiben.
Die Höhe des Getrenntleben-Unterhaltes richtet sich – genau wie der Kindesunterhalt – nach dem anrechenbaren Einkommen des Ehemannes. Grundsätzlich ist jedes Einkommen als unterhaltsre-

levantes Einkommen zu berücksichtigen. Die genaue Ermittlung des anrechenbaren Einkommens wurde bereits oben beim Kindesunterhalt näher dargestellt. Bei der Berechnung des Getrenntleben-Unterhaltes zieht man von dem anrechenbaren Nettoeinkommen noch den Kindesunterhalt ab; man spricht jetzt von dem sogenannten bereinigten Nettoeinkommen. Von diesem Betrag stehen der Ehefrau grundsätzlich drei Siebtel zu. Ist der Ehemann nicht mehr berufstätig, erhöht sich der Unterhaltsbetrag sogar auf die Hälfte seines Nettoeinkommens.

Marlies H. aus Köln lebt seit zwei Wochen von ihrem Ehemann Dirk H. getrennt. Sie ist vorübergehend mit der gemeinsamen zweijährigen Tochter Andrea zu ihrer Freundin gezogen. Der Ehemann erzielt ein durchschnittliches monatliches Nettoeinkommen in Höhe von 5000 DM. Marlies H. erzielt keine eigenen Einkünfte. Sie fragt, welche Unterhaltsansprüche ihr zustehen.
Da Marlies H. ihre zweijährige Tochter Andrea zu betreuen hat, ist ihr eine berufliche Tätigkeit nicht zuzumuten. Der Ehemann schuldet somit den vollen Unterhaltsbetrag. Dieser errechnet sich wie folgt:

Nettoeinkommen des Ehemannes	5000,— DM
- 5% für berufsbedingte Aufwendungen	250,— DM
verbleiben	4750,— DM
- Kindesunterhalt für die Tochter Andrea nach der DT (Einstufung in die nächsthöhere Einkommensgruppe, da der Ehemann nur Unterhalt für eine Ehefrau und ein Kind zu leisten hat)	559,— DM
verbleiben	4191,— DM
davon drei Siebtel	1796,14 DM

Dirk H. hat die oben errechneten Unterhaltsbeträge bis spätestens zum 3. Werktag eines jeden Monats im voraus an seine Ehefrau zu zahlen.

Hat die Ehefrau eigene Einkünfte, so schuldet der Ehemann nicht den vollen Unterhalt, sondern lediglich einen Teil. Dieser sogenannte Aufstockungsunterhalt soll verhindern, daß ein Ehepartner sozial und finanziell absteigt; vielmehr soll sich der Lebensstandard beider Ehepartner auch nach der Trennung auf möglichst gleichem Niveau bewegen. Maßgeblich für die Unterhaltsfrage sind demnach die ehelichen Lebensverhältnisse.
In diesem Zusammenhang ist von Bedeutung, ob die Ehefrau bereits während des Zusammenlebens oder erst nach der Trennung eine berufliche Tätigkeit aufgenommen hat. Im ersten Fall wird der Unterhalt nach der sogenannten Differenz-, im zweiten Fall nach der Anrechnungsmethode berechnet. Hat die Ehefrau also schon vor der Trennung mitgearbeitet, wird nach der Differenzmethode von dem bereinigten Nettoeinkommen des Ehemannes das anrechenbare Nettoeinkommen der Ehefrau abgezogen. Von der sich dabei ergebenden Differenz schuldet der Ehemann seiner Frau drei Siebtel.

Gabi K. aus Oberhausen lebt seit drei Monaten von ihrem Ehemann Günter K. getrennt. Wie bereits vor der Trennung erzielt Gabi K. als Arzthelferin ein durchschnittliches monatliches Nettoeinkommen in Höhe von 2000 DM, während Günter K. als leitender Angestellter ein durchschnittliches Nettoeinkommen in Höhe von 4500 DM hat. Der Ehemann ist der Auffassung, er müsse für die Zeit des Getrenntlebens keinen Unterhalt zahlen, da seine Ehefrau über eigene Einkünfte verfügt.

Es ist zwar richtig, daß grundsätzlich jeder Ehepartner für seinen eigenen Unterhalt verantwortlich ist, doch trifft die Meinung des

Ehemannes nicht zu, er habe gar keinen Unterhalt zu zahlen, weil seine Ehefrau ihren Lebensunterhalt von ihren eigenen Einkünften bestreiten könne. Da sich die Eheleute K. bei einem Gesamt-Nettoeinkommen in Höhe von 6500 DM einen bestimmten Lebensstandard leisten konnten, müßte sich Frau K. nach der Trennung ohne einen entsprechenden Aufstockungs- bzw. Differenzunterhalt seitens ihres Ehemannes erheblich einschränken. Die Rechtsprechung sagt einhellig, daß eine Einschränkung in der Trennungszeit für den weniger verdienenden Ehegatten nicht zumutbar ist, unabhängig davon, welcher Ehegatte die Trennung eingeleitet hat. Der Unterhaltsanspruch der Gabi K. berechnet sich daher wie folgt:

Nettoeinkommen des Ehemannes	4500,00 DM
- 5% für berufsbedingte Aufwendungen	225,00 DM
verbleiben	4275,00 DM
- des um 5% für berufsbedingte Aufwendungen verminderte Nettoeinkommens der Ehefrau	1900,00 DM
verbleiben	2375,00 DM
davon drei Siebtel	1017,86 DM

Der besserverdienende Ehemann K. hat somit monatlich im voraus bis spätestens zum 3. Werktag eines jeden Monats 1017,86 DM an seine getrennt lebende Ehefrau zu überweisen.

Hätte Gabi K. erst nach der Trennung ihre berufliche Tätigkeit aufgenommen, so würde ihr Unterhaltsanspruch nicht nach der Differenz-, sondern nach der Anrechnungsmethode ermittelt werden. Dabei wird zunächst ausgehend vom Nettoeinkommen des Ehemannes nach Abzug der berufsbedingten Aufwendungen der Drei-Siebtel-Anspruch errechnet, was in unserem Beispielfall (3/7 von 4275 DM) einen Betrag in Höhe von 1832,14 DM ausmacht. Von diesem Betrag wird das anrechenbare Einkommen der Ehefrau abgezogen. Dieses berechnet man, indem von dem bereinigten Nettoeinkommen in Höhe von 1900 DM das sogenannte Anreizsiebtel (= 271,42 DM) in Abzug gebracht wird. Im Beispielfall ist dementsprechend die Summe von 1628,58 DM in Abzug zu bringen, so daß der Ehemann lediglich einen Betrag in Höhe von 203,56 DM schuldet. Dieses Beispiel zeigt deutlich, daß die Differenzmethode in jedem Fall günstiger für die Ehefrau ist.

Anders liegt der Fall, wenn die Ehefrau Einkünfte aus sogenannter unzumutbarer Arbeit erzielt, d.h. wenn sie einer beruflichen Tätigkeit nachgeht, obwohl sie noch minderjährige Kinder zu betreuen hat. Um der Ehefrau nicht den Anreiz zu nehmen, arbeiten zu gehen, obwohl sie dazu vom Gesetz her nicht verpflichtet ist, werden ihre eigenen Einkünfte nicht in vollem Umfang angerechnet. Vielmehr ist von diesen zunächst das sogenannte Anreiz-Siebtel abzuziehen, und von den verbleibenden sechs Siebteln wird lediglich die Hälfte (= insgesamt drei Siebtel) veranschlagt.

Gerlinde P. aus Moers lebt seit vier Monaten mit ihrer vierjährigen Tochter Alexandra bei ihren Eltern. Sie ist aus der ehelichen Wohnung ausgezogen, weil der Ehemann Sigfried sogenannte ehewidrige Beziehungen zu einer anderen Frau unterhält. Während Alexandra in den Kindergarten geht, arbeitet Gerlinde P. als Teilzeitkraft in einem Friseursalon. Ihr monatliches Nettoeinkommen beträgt 1000 DM. Der Ehemann ist Schlosser und erzielt ein durchschnittliches monatliches Nettoeinkommen in Höhe von 3000 DM. Er ist der Auffassung, seine Ehefrau müsse sich ihr eigenes Einkommen in voller Höhe anrechnen lassen.

Da Gerlinde P. sich in erster Linie um die Betreuung ihrer kleinen Tochter zu kümmern hat, stellen ihre Einkünfte Einnahmen aus einer unzumutbaren Tätigkeit dar. Im Gegensatz zur Auffassung ihres Ehemannes darf sie ihr Einkommen um das Anreiz-Siebtel kürzen:

Nettoeinkommen der Ehefrau	1000,00 DM
- 5% für berufsbedingte Aufwendungen	50,00 DM
verbleiben	950,00 DM
- Anreiz-Siebtel	135,71 DM
verbleiben	814,29 DM
davon anrechenbar die Hälfte	407,15 DM

Der Aufstockungs-Unterhalt der Ehefrau berechnet sich daher wie folgt:

Nettoeinkommen Ehemann	3000,00 DM
- 5 % für berufsbedingte Aufwendungen	150,00 DM
verbleiben	2850,00 DM
- Kindesunterhalt für Alexandra nach der DT (da nur ein Kind zu versorgen ist, Einstufung in die nächsthöhere Einkommensgruppe 4)	423,00 DM
verbleiben	2427,00 DM
- anrechenbares Einkommen Ehefrau	407,15 DM
verbleiben	2019,85 DM
davon drei Siebtel = Unterhaltsanspruch	865,65 DM

Bei Einkünften der Ehefrau aus unzumutbarer Arbeit werden somit lediglich drei Siebtel ihres eigenen Einkommens angerechnet. Ab dem achten Lebensjahr des jüngsten Kindes erhöht sich allerdings die Zumutbarkeit für die Ehefrau, einer beruflichen Tätigkeit nachzugehen. In diesen Fällen ist von ihr dann zumindest eine stundenweise Tätigkeit zu erwarten. Mit fortschreitendem Alter der Kinder erhöht sich die Erwerbsobliegenheit bis hin zur Vollzeitbeschäftigung, es sei denn, es liegen andere Gründe vor wie Krankheit oder Alter, die eine berufliche Tätigkeit ausschließen. Soweit in diesem Zusammenhang weitere Einzelheiten von Bedeutung sind, werden diese unter dem folgenden Punkt *Nachehelicher Unterhalt* abgehandelt.

Nachehelicher Unterhalt

Grundsätzlich sind die Ehegatten nach der Scheidung selbst für ihren Unterhalt verantwortlich. Allerdings gibt es eine ganze Reihe von Gründen, aufgrund derer ein geschiedener Ehegatte von dem anderen Unterhalt verlangen kann. Dieser Grundsatz ergibt sich aus § 1569 BGB:

§ **Kann ein Ehegatte nach der Scheidung nicht selbst für seinen Unterhalt sorgen, so hat er gegen den anderen Ehegatten einen Anspruch auf Unterhalt ...**

Nach § 1570 BGB hat ein geschiedener Ehegatte z.B. Anspruch auf Unterhalt, soweit von ihm wegen der Pflege oder Erziehung eines gemeinschaftlichen Kindes eine Erwerbstätigkeit nicht erwartet werden kann. Es gelten hier die gleichen Altersgrenzen bei Kindern wie bei dem Getrenntleben-Unterhalt: Eine Erwerbsobliegenheit besteht nicht, wenn das Kind jünger als acht Jahre ist; vom achten Lebensjahr an bis zur Vollendung des 14. Lebensjahres wird eine Teilzeitbeschäftigung als zumutbar angesehen. Gibt es Kinder, die nicht aus der geschiedenen Ehe stammen, z.B. Kinder aus erster Ehe, gilt diese Regelung nicht.

Ein Unterhaltsanspruch besteht auch dann, wenn die geschiedene Ehefrau wegen ihres Alters einer beruflichen Tätigkeit nicht nachgehen kann (vgl. § 1571 BGB). Auf eine Festlegung der Altersgrenze wurde verzichtet. Vielmehr ist der jeweilige Einzelfall zu prüfen. In der Regel wird jedoch ein Unterhaltsanspruch bejaht, wenn die Ehefrau bereits das Rentenalter erreicht hat.

Die 55jährige Annegret K. aus Duisburg lebt mit ihrem 60jährigen Ehemann Hubert K. in Scheidung. Annegret K.

ist während der gesamten 30jährigen Ehezeit keiner beruflichen Tätigkeit nachgegangen. Sie hat sich ausschließlich um den Haushalt und die Kinder gekümmert. Ihr Mann ist selbständiger Architekt und erzielt ein durchschnittliches Nettoeinkommen in Höhe von monatlich 7000 DM. Er vertritt die Auffassung, nach der Scheidung müsse er keinen Pfennig Unterhalt bezahlen, da seine Ehefrau schließlich putzen gehen könne.

Der Unterhaltsanspruch der Annegret K. ist hier auf jeden Fall zu bejahen. Im Einverständnis mit dem Ehemann war sie während der gesamten Ehezeit nicht berufstätig. Im Alter von 55 Jahren ist sie auf dem Arbeitsmarkt auch nicht mehr vermittelbar, zumal Annegret K. über keine abgeschlossene Berufsausbildung verfügt. Der Ehemann schuldet ihr laut Gesetz drei Siebtel seines Nettoeinkommens, also 3000 DM.
Darüber hinaus besteht nach § 1572 BGB ein Unterhaltsanspruch im Falle von Krankheit oder Gebrechen. Unter Krankheit versteht man einen objektiv faßbaren regelwidrigen Körper- oder Geisteszustand, der ärztlich behandelt werden muß und/oder zur Arbeitsunfähigkeit führt. Kurzfristige vorübergehende Erkrankungen lösen keinen Unterhaltsanspruch aus. Es ist nicht erforderlich, daß die Krankheit ehebedingt ist. Ebenso ist der Unterhaltsanspruch nicht ausgeschlossen, wenn die Krankheit bereits zum Zeitpunkt der Eheschließung bestanden hat. Ausnahmen gibt es hier allenfalls, wenn die Krankheit dem Ehepartner gegenüber bewußt verschwiegen wurde.
Ferner kann der geschiedene Ehegatte nach § 1573 BGB von dem anderen Unterhalt verlangen, wenn er nach der Scheidung keine angemessene Erwerbstätigkeit findet. Hier wird eine ernsthafte, aber vergebliche Bemühung um einen Arbeitsplatz vorausgesetzt. Es reicht nicht etwa aus, sich nur beim Arbeitsamt arbeitslos zu melden. Andererseits muß der Unterhaltsberechtigte nicht jede, sondern nur eine angemessene Erwerbstätigkeit aufnehmen, die

seinen Fähigkeiten, seinem Alter und der Gesundheit entspricht. Nach § 1575 Abs. 1 BGB wird auch dann nachehelicher Unterhalt geschuldet, wenn der Ehepartner eine Aus- oder Fortbildung bzw. Umschulung aufnimmt, um auf diese Art und Weise in Zukunft seinen Unterhalt selbst bestreiten zu können. Allerdings werden hier strenge Maßstäbe angelegt, z.B. muß Aussicht auf einen erfolgreichen Abschluß und auf die Möglichkeit der Berufsausübung bestehen. Insgesamt kann gesagt werden, daß unter engen Voraussetzungen ein Unterhaltsanspruch besteht, wenn aus schwerwiegenden Gründen die Aufnahme einer Erwerbstätigkeit nicht erwartet werden kann und es grob unbillig wäre, keinen Unterhalt zu zahlen (vgl. § 1576 BGB).

Wenn beide Partner nach der Scheidung einer beruflichen Tätigkeit nachgehen, besteht unter gewissen Voraussetzungen Anspruch auf Unterhalt, wenn auch nicht in voller Höhe. Bei der Berechnung des nachehelichen Unterhaltes muß, wie beim Getrenntleben-Unterhalt bereits ausgeführt, geprüft werden, ob der bedürftige oder anspruchsberechtigte Ehepartner eine zumutbare oder unzumutbare Tätigkeit ausübt und ob die Differenz- oder die Anrechnungsmethode Anwendung findet.

Neben dem Elementar-Unterhalt wird beim nachehelichen Unterhalt zusätzlich noch ein Vorsorgeunterhalt, bestehend aus Altersvorsorge- und/oder Krankenvorsorgeunterhalt geschuldet. Denn die Ehefrau wird an den Rentenanwartschaften ihres Ehemannes nur bis zum Ende des Monats, der dem Eintritt der Rechtshängigkeit des Scheidungsantrages vorausgeht, beteiligt und hat nach Rechtskraft der Scheidung für ihre Krankenversicherung selbst aufzukommen. Allerdings muß der Ehemann nicht die vollen Beträge für die Renten- bzw. Krankenversicherung übernehmen, sondern einen sogenannten Quotenbetrag. Die Höhe des Altersvorsorgeunterhaltes richtet sich nach der Bremer Tabelle (BT vgl. Seite 130).

Die 35jährige Uschi Z. aus Wanne-Eickel kann nach ihrer Scheidung aufgrund der Betreuung ihrer zweijährigen Tochter Anna und des dreijährigen Sohnes Jens keiner beruflichen Tätigkeit nachgehen. Uschi Z. fragt, ob ihr geschiedener Ehemann auch Kosten für die Altersvorsorge übernehmen muß. Nach Abzug des Kindesunterhaltes verbleibt ihm ein bereinigtes Nettoeinkommen in Höhe von 3500 DM.

Der geschiedene Ehemann schuldet in diesem Fall den Altersvorsorgeunterhalt, da Uschi Z. wegen der Betreuung ihrer beiden Kinder keiner beruflichen Tätigkeit nachgehen und somit keine eigenen Rentenanwartschaften erwerben kann. Wie bereits erläutert, muß Herr Z. aber nicht den vollen Betrag für die Altersvorsorge zahlen, sondern lediglich einen Quotenbetrag nach der BT. Als Bemessungsgrundlage wird von einem Drei-Siebtel-Elementarunterhalt ausgegangen, zu dem anschließend Lohnsteuer- und Sozialabgaben (Arbeitnehmeranteil) addiert werden. Der Nettobetrag wird dabei um einen entsprechenden Prozentsatz auf einen Bruttobetrag hochgerechnet, um davon den entsprechenden Beitragssatz zur Sozialversicherung zu ermitteln. Zur Zeit liegt der geltende Beitragssatz in der gesetzlichen Rentenversicherung seit dem 01.01.1998 bei 20,3%:

Bereinigtes Nettoeinkommen des Ehemannes	3500,00 DM
davon Drei-Siebtel-Elementarunterhalt	1500,00 DM
+ 20% Steuer- und Sozialabgaben nach BT (Stand 01.01.1998)	300,00 DM
= Bruttobetrag	1800,00 DM
davon 20,3% (= Regelbeitragssatz für die gesetzliche Rentenversicherung)	365,40 DM

Der für dieses Einkommen entsprechende Beitragssatz zur Sozialversicherung entspricht dem Vorsorgeunterhalt. Er ist nun vom bereinigten Nettoeinkommen des Unterhaltspflichtigen abzuziehen; von dem Restbetrag ausgehend kann jetzt der tatsächliche Drei-Siebtel-Unterhalt ermittelt werden:

Bereinigtes Nettoeinkommen des Ehemannes	3500,00 DM
- Vorsorgeunterhalt	365,40 DM
verbleiben	3134,60 DM
davon drei Siebtel = Unterhalt	1343,40 DM

Insgesamt hat also der Ehemann einen Elementarunterhalt in Höhe von 1343,40 DM plus den Vorsorgeunterhalt in Höhe von 365,40 DM, also 1708,80 DM an seine geschiedene Ehefrau Uschi Z. zu zahlen.

Der Altervorsorgeunterhalt wird auch für die Zeit des Getrenntlebens geschuldet, wenn ein Scheidungsverfahren rechtshängig ist, d.h. wenn der Scheidungsantrag dem anderen Ehepartner zugestellt wurde. Dies hat seinen Grund darin, daß der Versorgungsausgleich nach § 1587 Abs. 2 BGB nur die Zeit bis zur Rechtshängigkeit des Scheidungsverfahrens erfaßt und der nacheheliche Unterhalt nach § 1587 Abs. 3 BGB erst den Zeitraum ab Rechtskraft der Scheidung abdeckt. Daher gehören die Kosten einer angemessenen Versicherung für das Alter zum Lebensbedarf (vgl. §§ 1361 Abs. 1 Satz 2, 1578 Abs. 3 BGB).

Ab Rechtskraft der Scheidung ist die Ehefrau nicht mehr in der gesetzlichen Krankenkasse des Ehemannes mitversichert. Deshalb muß die Ehefrau, die keiner versicherungspflichtigen Tätigkeit nachgeht, darüber hinaus selber für ihre Krankenversicherung aufkommen. Sie kann entweder eine gesetzliche oder eine private Krankenversicherung abschließen und muß die entsprechenden Beiträge selbst entrichten. Da diese Beträge nicht von dem laufenden Regelunterhalt aufgebracht werden können, schuldet der Ehemann auch diese Aufwendungen für den Vorsorgeunterhalt, allerdings nicht in Höhe des tatsächlich zu leistenden Beitrags, sondern wiederum lediglich einen Prozentsatz vom ursprünglichen Elementarunterhalt. Anders als bei dem Altervorsorgeunterhalt wird hier der Elementarunterhalt nicht auf einen Bruttobetrag hochgerechnet. Derzeit liegt der Beitragssatz der jeweiligen Krankenkasse bei ca. 14 %. Bei einem Elementarunterhalt in Höhe von 1500 DM ergibt sich ein Krankenvorsorgeunterhalt in Höhe von ca. 210 DM.

Seit dem 01.01.1995 gilt mit Inkrafttreten des Pflegeversicherungsgesetzes dieselbe Regelung für den sogenannten Pflegevorsorgeunterhalt. Aus § 20 III SGB XI ergibt sich, daß derjenige, der in der gesetzlichen Krankenversicherung freiwillig versichert ist, zugleich in der Pflegeversicherung pflichtversichert ist. Ist der Unterhaltsberechtigte privat krankenversichert, muß zusätzlich eine Pflegeversicherung abgeschlossen werden (vgl. § 23 SGB XI). Die Beiträge zur Pflegeversicherung gehören ebenso wie die Krankenvorsorge zum allgemeinen Lebensbedarf und sind von dem Unterhaltspflichtigen zu übernehmen.

Auf Einzelheiten des Vorsorgeunterhaltes kann wegen der Komplexität nicht eingegangen werden. Insbesondere in dem Fall, daß insgesamt Altersvorsorge-, Krankheitsvorsorge- und Pflegevorsorgeunterhalt geltend gemacht werden, sind Unterschiede in der Berechnung möglich.

Ausschluß des nachehelichen Unterhaltes

Der nacheheliche Unterhalt ist gemäß § 1579 BGB zu kürzen, zeitlich zu begrenzen oder ganz auszuschließen, wenn eine „grobe Unbilligkeit" vorliegt. Das Gesetz zählt hier konkret eine Anzahl bestimmter Fälle auf:

- Die Ehe war von **kurzer Dauer** (bis max. 3 Jahre).
- Der Berechtigte hat sich **eines Verbrechens**, z.B. eines

Mordanschlages, oder eines schweren vorsätzlichen Vergehens gegen den Verpflichteten oder gegenüber einem nahen Angehörigen des Verpflichteten schuldig gemacht. In Frage kommen auch schwere Beleidigungen und Verleumdungen sowie falsche Anschuldigungen.

- Der Berechtigte hat seine **Bedürftigkeit mutwillig herbeigeführ**t. Hierzu zählen insbesondere Fälle, in denen der Unterhaltsberechtigte ohne Grund einen sicheren Arbeitsplatz aufgibt, eine Kündigung provoziert oder mutwillig eine ihm angebotene Tätigkeit nicht annimmt. Sonderfälle sind Alkohol- und Drogenabhängigkeit. Hier ist mit entscheidend, ob der Berechtigte bereit ist, Maßnahmen zu ergreifen, die ihn von seiner Sucht befreien.
- Der Berechtigte hat sich **über schwerwiegende Vermögensinteressen des Verpflichteten mutwillig hinweggesetzt**. Hier ist insbesondere der Umfang der Vermögensgefährdung von Bedeutung, während die Frage, ob ein Vermögensschaden eintritt, unerheblich ist. Häufige Fälle sind Betrug im Unterhaltsprozeß, ungerechtfertigte Strafanzeigen und Maßnahmen, die den Arbeitsplatz des Verpflichteten in Gefahr bringen können.
- Der Berechtigte hat **vor der Trennung längere Zeit hindurch seine Pflicht, zum Familienunterhalt beizutragen, gröblich verletzt**. Ein solcher Fall liegt beispielsweise vor, wenn der Berechtigte trotz erheblicher eigener Einkünfte diese der Familie vorenthalten hat.
- Dem Berechtigten fällt **ein offensichtlich schwerwiegendes, eindeutig bei ihm liegendes Fehlverhalten gegenüber dem Verpflichteten zur Last**. Damit ist in erster Linie ein Verstoß gegen die eheliche Treuepflicht gemeint. Dieser ist aber nur dann schwerwiegend, wenn er vor der Trennung erfolgt ist.

Diese Aufzählung ist keineswegs vollständig, vielmehr reicht auch jeder andere Grund, der ebenso schwer wiegt wie die sechs aufgeführten (vgl. Ziff. 7 des § 1579 BGB). Einer der Hauptgründe, die zum Ausschluß des Unterhaltes führen, ist z.B. die Aufnahme eines eheähnlichen Verhältnisses.

Die 36jährige kinderlose Marion B. aus Krefeld ist seit drei Jahren von ihrem Ehemann Peter B. geschieden. Er hat ab Rechtskraft der Scheidung regelmäßig einen nachehelichen Unterhalt in Höhe von monatlich 2000 DM gezahlt.
Jetzt zieht die Ehefrau zu ihrem langjährigen Freund, dem wohlhabenden Arzt Dr. K. Marion B. meint, daß ihr Ehemann auch weiterhin den nachehelichen Unterhalt schuldet.

Der Unterhaltsanspruch der Marion B. ist hier entfallen, da sich Marion B. auf Dauer einem neuen Partner zugewandt hat und mit diesem auch in eheähnlicher Gemeinschaft lebt. Hierbei reicht es allerdings nicht aus, wenn der neue Partner gelegentlich bei dem Unterhaltsberechtigten übernachtet und mit ihm seine Freizeit verbringt. Angeknüpft wird vielmehr an die Voraussetzungen, die für eine eheliche Lebensgemeinschaft maßgebend sind. Hierzu zählen neben einer sexuellen Beziehung auch die wechselseitigen Versorgungsleistungen wie Kochen, Putzen, Waschen, Bügeln etc. Ob eine eheähnliche Lebensgemeinschaft vorliegt, ist häufig Gegenstand prozessualer Auseinandersetzungen geschiedener Eheleute. Geschiedene Ehemänner stehen häufig auf dem Standpunkt, ihre frühere Ehefrau führe eine eheähnliche Lebensgemeinschaft, kaum wird ihnen bekannt, daß sie einen Freund hat. Dies reicht natürlich bei weitem nicht aus. Andererseits kann eine eheähnliche Partnerschaft nicht nur deshalb geleugnet werden, weil der Freund noch eine weitere Wohnung unterhält, im übrigen aber alle genannten Voraussetzungen vorliegen.

Selbst wenn die Voraussetzungen der Ziff. 1 bis 7 des § 1579 BGB vorliegen, kommt ein Ausschluß des Unterhaltsanspruches dann nicht in Betracht, wenn der Unterhaltsberechtigte ein minderjähriges gemeinsames Kind zu versorgen hat. Denn die Belange des Kindes sind vorrangig zu beachten und dürfen nicht durch Verweigerung des nachehelichen Unterhaltes beeinträchtigt werden.

Unterhaltsansprüche bei Ehen in den neuen Bundesländern
Für den Trennungs- und den nachehelichen Unterhalt gilt seit dem 03.10.1990 grundsätzlich das BGB, also auch für Ehen, die vor dem Beitritt geschlossen wurden (vgl. Art. 234, §§ 1, 5 EGBGB). Wurde dagegen die Scheidung im Gebiet der ehemaligen DDR vor dem 03.10.1990 verkündet und wohnte einer der Ehepartner zu diesem Zeitpunkt in den neuen Bundesländern, ist in Fragen des Unterhaltes das Familiengesetzbuch (FGB) der DDR maßgeblich.

Steuerrechtliche Konsequenzen

Lebt ein Ehepaar dauernd getrennt, müssen die Steuerklassen geändert werden. Eine Verpflichtung hierzu besteht allerdings erst ab dem Jahr, welches auf die Trennung folgt. Haben sich die Parteien z.B. zum 02.01.1998 getrennt, ist der Steuerklassenwechsel zum 01.01.1999 vorzunehmen.

Das Einkommensteuergesetz sieht sechs Steuerklassen vor:
In die Steuerklasse 1 sind die Frauen einzuordnen, die ledig sind, dauernd getrennt leben oder geschieden sind. Steuerklasse 2 kommt für alle Alleinerziehenden in Betracht, da ein Haushaltsfreibetrag mit in die Steuerklasse eingearbeitet wurde, der zu einer Steuerminderung führt. In die Steuerklasse 3 können sich verheiratete Frauen, die mit ihrem Ehemann zusammenleben, einstufen lassen. Üblicherweise wählt der Ehepartner die Steuerklasse 3, der erheblich mehr verdient, da so die meisten Steuern gespart werden können. Steuerklasse 4 wird gewählt, wenn zwei Eheleute einen gemeinsamen Haushalt führen und in etwa die gleichen Einkünfte erzielen. Steuerklasse 5 kommt für denjenigen in Frage, dessen Ehepartner, mit dem er zusammenlebt, in Steu-

erklasse 3 eingestuft ist. Steuerklasse 6 schließlich ist für den Ehepartner obligatorisch, der mehrere Arbeitsverhältnisse unterhält. Da dies in den wenigsten Fällen Frauen sind, kommt somit für sie nach der Trennung entweder die Steuerklasse 1 oder 2 in Frage, je nachdem, bei wem die Kinder gemeldet sind. Entscheidend ist dabei der Beginn des Kalenderjahres. Wechseln die Kinder im Laufe eines Jahres ihren Aufenthaltsort, so behält derjenige Elternteil die günstigere Steuerklasse 2, bei dem die Kinder zu Beginn des Jahres gelebt haben und gemeldet waren.

Kinderfreibetrag

Durch die Neuregelung des Kindergeldes ist es auch zu einer Neuregelung des Kinderfreibetrages gekommen. Während früher beides nebeneinander geltend gemacht werden konnte, wird seit dem 01.01.1996 zunächst das erhöhte Kindergeld gezahlt und im Rahmen der Steuerveranlagung geprüft, ob es ggf. günstiger ist, statt des Kindergeldes den auf monatlich DM 576 heraufgesetzten Kinderfreibetrag in Anspruch zu nehmen. Im letzteren Fall wäre die Differenz im Rahmen des Steuerausgleiches zurückzuzahlen. Ab dem 01.01.1997 besteht eine Wahlmöglichkeit zwischen Kindergeld und Steuerfreibetrag. Nach wie vor ist es möglich, den Kinderfreibetrag zwischen beiden Eltern aufzuteilen; bei jedem Ehepartner wird dann nur die Hälfte des Kinderfreibetrages auf der Lohnsteuerkarte eingetragen.

Gemeinsame oder getrennte Veranlagung/Ehegatten-Splitting

Das Einkommensteuerrecht sieht zum einen die gemeinsame, zum anderen die getrennte Veranlagung vor. Bei der gemeinsamen Veranlagung werden beide Einkommen der Eheleute zusammengerechnet und nach der Splitting-Tabelle versteuert. Bei getrennter Veranlagung wird das zu versteuernde Einkommen für jeden Ehepartner getrennt ermittelt, wobei die Versteuerung nach der Einkommensteuer-Grundtabelle erfolgt. Von Ausnahmen abgesehen, ist die gemeinsame Veranlagung die günstigere.

Adelheid U. aus Ennepetal erzielt ein zu versteuerndes Jahreseinkommen in Höhe von 20 000 DM und ihr Ehemann in Höhe von 70 000 DM. Ausgehend von dem Einkommenssteuertarif für das Jahr 1997 ergibt sich für Adelheid U. bei getrennter Veranlagung nach der Grundtabelle ein Steuerbetrag in Höhe von 2110 DM und bei ihrem Ehemann in Höhe von 18 048 DM. Bei Zusammenveranlagung haben die Eheleute für das gemeinsame Einkommen in Höhe von 90 000 DM einen Einkommensteuerbetrag in Höhe von 18 942 DM zu zahlen.

Die Eheleute können für das Jahr, in dem sie die Trennung vollzogen haben, noch die gemeinsame Veranlagung wählen. Grundsätzlich sind die Eheleute sogar verpflichtet, die günstigste Veranlagungsform zu wählen, wenn weder für den einen noch für den anderen steuerliche Nachteile entstehen. Wählt ein Ehepartner eigenmächtig ohne Absprache mit dem anderen die ungünstigere Veranlagung, so stehen dem anderen Ehepartner unter Umständen Schadensersatzansprüche zu.

Begrenztes Realsplitting

Auch bei getrennter Veranlagung sieht das Einkommensteuergesetz eine Steuervergünstigung vor, das sogenannte begrenzte Realsplitting. Werden die Eheleute getrennt veranlagt und leben sie dauernd getrennt oder sind geschieden, so kann der Ehemann die Unterhaltszahlungen, die er an die Ehefrau leistet, bis zu einem Höchstbetrag in Höhe von zur Zeit 27 000 DM im Jahr als Sonderausgabe absetzen. Entweder erhält der Ehemann am Jahresende eine erhebliche Steuererstattung, oder er läßt sich den Sonderausgabenbetrag als Freibetrag auf der Lohnsteuerkarte eintragen, mit der Folge, daß er über ein höheres monatliches Nettoeinkommen verfügt. Voraussetzung für dieses begrenzte Realsplitting ist jedoch, daß die Ehefrau ihre Zustimmung erteilt. Dies geschieht durch Unterzeichnung der Anlage U, die der Ehemann zusammen mit der Einkommensteuer-

erklärung beim Finanzamt einreicht. Die Ehefrau muß in der Regel die Anlage U unterzeichnen, wenn sich ihr getrennt lebender oder geschiedener Ehemann im Gegenzug verpflichtet, alle sich aus der Unterzeichnung der Anlage U möglicherweise ergebenden steuerlichen Nachteile zu übernehmen. Solche Nachteile können gegebenenfalls dadurch entstehen, daß die Ehefrau den ihr gezahlten Unterhalt zusammen mit ihrem eigenen Einkommen versteuern muß. Weitere Konsequenzen können die Kürzung des Wohngeldes, der Wohnungsbauprämie o.ä. sein. All diese steuerlichen und sonstigen Belastungen, die allein aufgrund des begrenzten Realsplittings anfallen, sind von dem Ehemann zu übernehmen. Trotz der Übernahmeverpflichtung ist dieses Verfahren für den getrennt lebenden oder geschiedenen Ehemann steuerlich günstiger.
Eine weitere Möglichkeit der Steuervergünstigung besteht darin, die Scheidungskosten als außergewöhnliche Belastungen bei der Steuererklärung geltend zu machen. Darunter fallen alle Gerichts- und Anwaltskosten im Zusammenhang mit der Scheidung.

! **ACHTUNG:** Unterschreibt die Ehefrau die Anlage U zur Einkommensteuererklärung ihres Ehemanns, damit dieser seine Unterhaltszahlungen steuerlich absetzen kann, so ist der Ehemann verpflichtet, die steuerliche Mehrbelastung der Ehefrau zu übernehmen. Um jedoch Streitigkeiten zu vermeiden, ist jeder Ehefrau dringend anzuraten, vor Unterzeichnung der Anlage U eine schriftliche Bestätigung des Ehemannes über die Verpflichtung zur Zahlung der anfallenden Steuern zu verlangen. Gleichzeitig sollte der Ehemann schriftlich erklären, daß der Ehefrau ein bestimmter Anteil der Steuerersparnis zusteht. Wird der Sonderausgabenfreibetrag auf der Lohnsteuerkarte des Ehemannes eingetragen, hat die Ehefrau insoweit an der Steuerersparnis teil, als sich bei der Unterhaltsberechnung automatisch ein höheres anrechenbares Nettoeinkommen ergibt.

Staatliche Unterstützung bei Getrenntleben – bzw. nachehelichem Unterhalt

Kann der Trennungs- oder nacheheliche Unterhalt nicht oder nur teilweise bei dem Ehemann durchgesetzt werden, übernimmt der Staat die notwendigen Kosten für den Lebensunterhalt in Form von Sozialhilfe. Die staatliche Unterstützung besteht aus einem Regelsatz und den tatsächlichen Mietkosten einschließlich der Heizkosten.

Der Regelsatz wird per Verordnung jeweils in den einzelnen Bundesländern festgelegt. Dabei müssen Zahlungen nach dem Unterhaltsvorschuß- sowie nach dem Kindergeldgesetz vorher abgezogen werden.

Darüber hinaus bewilligt das Sozialamt für größere Anschaffungen einmalige Beihilfen, z.B. jeweils für Sommer- und Winterkleidung oder für die Wohnungsausstattung, im Regelfall jedoch nur dann, wenn nachgewiesen wird, daß der Ehemann zuvor vergeblich zu Zahlungen aufgefordert wurde. Unter Umständen werden auch einzelne Hausratsgegenstände gestellt sowie Renovierungs- und Umzugskosten, möglicherweise auch die Kosten für den Telefonanschluß und die Grundgebühr übernommen.

Auf jeden Fall kann in besonderen Lebenslagen Hilfe beim Sozialamt beantragt werden. Dies gilt insbesondere für die Krankenversicherung, falls die Ehefrau weder über ihren Ehemann krankenversichert ist noch eine eigene Krankenversicherung abgeschlossen hat. Ferner gibt es eine Aufwandsentschädigung für Erholungsaufenthalte der Mutter und für eine Babyausstattung.

Hausrat

Spätestens bei der Ehescheidung müssen sich die Parteien über die Aufteilung des Hausrates einigen. Unter den Begriff Hausrat fallen alle Gegenstände, die von den Parteien während des Zusammenlebens genutzt wurden. Dazu gehören die gesamte

Wohnungseinrichtung, insbesondere Möbel, Lampen, Teppiche, Dekorationsartikel, Bettwäsche, Handtücher, Porzellan, Eßbestecke, diverse Geräte wie Waschmaschine, Staubsauger etc. Die Frage, ob der PKW als Hausrat anzusehen ist, richtet sich nach den Benutzungsverhältnissen. Wird der PKW ausschließlich von einem Ehepartner genutzt und ist er auch auf diesen zugelassen, so dürfte der PKW nicht dem Hausrat, sondern vielmehr dem Zugewinn zuzuordnen sein. Wird der PKW jedoch von beiden Eheleuten genutzt, insbesondere auch von der Ehefrau für Fahrten zum Arbeitsplatz und für Einkaufsfahrten, so ist der PKW als Hausrat anzusehen. Unter Umständen gehören auch Kunstgegenstände und Antiquitäten zum Hausrat, wenn es den wirtschaftlichen Verhältnissen der Eheleute entspricht und diese Gegenstände von der Familie tatsächlich genutzt und nicht nur zur Kapitalanlage erworben wurden. Nicht zum Hausrat gehören dagegen die persönlichen Dinge wie Geschenke und Schmuck, des weiteren die Gegenstände, die der Ehepartner bereits vor der Eheschließung besaß, sowie die ausschließlich beruflich genutzten Gegenstände wie z.B. der Computer.

Der Hausrat ist nach sogenanntem billigem Ermessen aufzuteilen, wobei auf die Bedürfnisse der Parteien Rücksicht genommen werden soll. Es sollte z.B. Einigkeit darüber erzielt werden, daß die Ehefrau, die zwei minderjährige Kinder zu versorgen hat, Waschmaschine, Spülmaschine und Trockner erhält, weil sie diese Gegenstände nötiger braucht als der alleinlebende Ehemann. Selbstverständlich ist auch der umgekehrte Fall denkbar. Was die Möbel anbelangt, so sollte auch hier eine vernünftige Aufteilung erfolgen. Es macht wenig Sinn, wenn eine Aufteilung des Hausrates in der Weise erfolgt, daß die Eheleute danach jeweils über eine halbe Küche, ein halbes Wohnzimmer und ein halbes Schlafzimmer verfügen. Vielmehr ist es zweckmäßig, komplette Einheiten zu übertragen, um eine sinnvolle Nutzung zu gewährleisten.

Ergeben sich bei der Verteilung erhebliche Wertunterschiede, so können diese finanziell ausgeglichen werden.

Wenn eben möglich, sollten die Eheleute die Aufteilung des Hausrates ohne Einschaltung von Anwälten und Gerichten regeln, da ansonsten das Scheidungsverfahren verteuert und häufig auch verzögert wird. Grundlage für die Hausratsverteilung anläßlich der Ehescheidung ist die Verordnung über die Behandlung der Ehewohnung und des Hausrates. Danach hat der Richter nach billigem Ermessen unter Beachtung des Wohles der Kinder die Rechtsverhältnisse der Parteien im Hinblick auf den Hausrat zu regeln (vgl. § 2 HausratsVO). Es ist auch möglich, die Hausratsteilung im Rahmen einer Trennungs- und Ehescheidungsfolgevereinbarung vorzunehmen.

Elvira B. aus Bottrop hat zusammen mit ihren beiden minderjährigen Kindern die eheliche Wohnung verlassen, nachdem ihr Ehemann sie mehrfach mißhandelt hatte. Bis zur Ehescheidung lebt sie mit den Kindern in einem Frauenhaus. Außer ihren persönlichen Gegenständen und Kleidungsstücken hat sie aus der ehelichen Wohnung nichts mitgenommen. Im Rahmen der Ehescheidung möchte sie erreichen, daß der Hausrat ordnungsgemäß aufgeteilt wird, weil sie demnächst eine eigene Wohnung beziehen kann. Der Ehemann vertritt die Auffassung, daß ihm der ganze Hausrat gehöre, da er ihn schließlich bezahlt habe.

Da eine private Einigung zwischen den Eheleuten hier nicht möglich ist, muß Elvira B. das Hausratsverteilungsverfahren nach der HausratsverteilungsVO bei Gericht zusammen mit der Scheidung einleiten. Für dieses Verfahren ist es erforderlich, daß Elvira B. eine Liste der gesamten Hausratsgegenstände sowie derjenigen, die sie für sich beansprucht, bei Gericht einreicht. Dieser Liste sollte eine exakte Beschreibung, gegebenenfalls die Typen-

bezeichnung, der Anschaffungspreis und der Zeitwert der Gegenstände entnommen werden können. Dies ist deshalb notwendig, damit der Gerichtsvollzieher bei einer später möglicherweise erforderlichen Zwangsvollstreckung die Gegenstände auch auffinden kann.
Entsprechend den oben im einzelnen dargestellten Grundsätzen wird das Gericht zunächst das komplette Kinderzimmer und aller Voraussicht nach auch die Küche mit allen Küchengeräten Elvira B. übertragen. Die Einrichtungsgegenstände der übrigen Räume wird es auf möglichst sinnvolle Weise verteilen und nicht nur etwa halbieren. Auf die Tatsache, daß der Ehemann die Hausratsgegenstände bezahlt hat, kommt es nicht an.

In den wenigsten Fällen ist die Verteilung des Hausrates erst bei der Ehescheidung vorzunehmen, weil die räumliche Trennung der Eheleute meistens schon viel früher erfolgt und der ausziehende Ehepartner einen Teil der Hausratsgegenstände mitnehmen möchte.
Laut § 1361 a Abs. 1 BGB kann jeder Ehegatte die Gegenstände, die ihm gehören, von dem anderen Ehegatten herausverlangen. Unter Umständen besteht jedoch ein Überlassungsanspruch des anderen Ehepartners, wenn der Gegenstand zur Führung des Haushaltes benötigt wird, wobei insbesondere Kindesbelange eine Rolle spielen. Insoweit gilt das bereits oben Gesagte.
Wenn die Parteien sich nicht einigen können, entscheidet auch hier das Gericht. Dabei werden die Benutzungsverhältnisse für die Dauer des Getrennlebens nach § 1361 a BGB geregelt, und erst mit der Scheidung wird eine endgültige Entscheidung über die Eigentumsverhältnisse getroffen. Selbstverständlich bleibt es den Parteien unbenommen, anläßlich der Trennung eine außergerichtliche endgültige Regelung der Eigentumsverhältnisse herbeizuführen.

Ehewohnung

Selbstverständlich steht beiden Eheleuten die Ehewohnung gemeinschaftlich zur Verfügung. Erst dann, wenn ein Zusammenleben unerträglich geworden ist, kann derjenige Ehepartner aus der Wohnung gewiesen werden, der sich störend verhält.

Wenn sich Eheleute trennen und keine Einigung über die Benutzung der Ehewohnung finden, kann beim Familiengericht ein Antrag auf vorläufige Zuweisung gestellt werden (vgl. § 1361 b BGB). Dies gilt unabhängig davon, ob bereits ein Scheidungsverfahren eingeleitet worden ist. In der Praxis wird von dieser Regelung häufig Gebrauch gemacht, um überhaupt ein Getrenntleben zu ermöglichen, da viele Ehemänner den Wunsch der Ehefrau, getrennt zu leben, nicht respektieren.
Eine Zuweisung der Ehewohnung an einen Ehepartner allein sollte jedoch erst dann in Betracht kommen, wenn eine Aufteilung der Wohnung nicht möglich ist bzw. wenn der andere Ehepartner sich nicht an die Aufteilung hält. Erfahrungsgemäß ist das Getrenntleben innerhalb der ehelichen Wohnung für alle Beteiligten ausgesprochen problematisch. Auch gewalttätige Auseinandersetzungen sind keine Seltenheit. Ist erst einmal dieses Stadium erreicht, ist ein Zusammenleben innerhalb der ehelichen Wohnung, auch unter Berücksichtigung der Benutzung getrennter Räume, nicht zumutbar. Das Gericht wird – wenn die entsprechenden Voraussetzungen vorliegen – den störenden Ehepartner aus der Wohnung verweisen und dem anderen die Wohnung zur alleinigen Nutzung überlassen. Hierzu muß der Ehepartner, der die Wohnung für sich beansprucht, dem Gericht die entsprechenden Vorfälle vortragen und auch beweisen. In erster Linie sind solche Fälle gemeint, in denen der Ehemann die Ehefrau körperlich brutal mißhandelt. Das heißt, es müssen nachweislich schwerwiegende Gründe vorliegen. Rein verbale Auseinandersetzungen sind in der Regel für eine Wohnungszuweisung nicht ausreichend.

Die 28jährige Heike M. aus Köln lebt zusammen mit ihrer sechsjährigen Tochter Vanessa und ihrem Ehemann in einer kleinen Dreizimmerwohnung. Aufgrund massiver Alkoholprobleme des Ehemannes kommt es immer wieder zu Gewalttätigkeiten. Zuletzt hat der Ehemann die Ehefrau so geschlagen, daß sie einen Nasenbeinbruch erlitt. Die Ehefrau ist zunächst in ein Frauenhaus geflüchtet. Jetzt fragt sie danach, ob sie das Recht hat, ihren Ehemann aus der Wohnung zu weisen.

Im vorliegenden Fall darf die beschriebene körperliche Mißhandlung nicht einfach hingenommen werden, vor allem, da es sich vermutlich nicht um einen einmaligen Ausrutscher handelt. Vielmehr besteht die Gefahr, daß der Ehemann im betrunkenen Zustand immer wieder gewalttätig wird. Zieht der Ehemann nach der Aufforderung nicht freiwillig aus der ehelichen Wohnung aus, so kann Heike M. einen Antrag an das zuständige Familiengericht auf Ehewohnungszuweisung stellen. Wenn sie dem Familienrichter glaubhaft die Situation schildert und ihre Verletzung auch anhand von ärztlichen Unterlagen nachweisen kann, wird der Richter ihr die Ehewohnung zur alleinigen Nutzung zuweisen und dem Ehemann eine Frist zur Räumung setzen. Sollte der Ehemann danach die Ehewohnung immer noch nicht verlassen, muß die Ehefrau die Zwangsvollstreckung betreiben. Unter Zuhilfenahme der Polizei und des Gerichtsvollziehers wird der Ehemann dann zwangsweise aus der Wohnung gewiesen. Darüber hinaus besteht die Möglichkeit, dem Ehemann das Betreten der Wohnung durch das Gericht untersagen zu lassen.

Haben die Parteien während des Scheidungsverfahrens noch nicht geklärt, wer die Ehewohnung in Zukunft bewohnen wird, kann der Richter die künftigen Rechtsverhältnisse an der Wohnung ordnen (vgl. § 1 Abs. 1 HausratsVO). Nach § 3 derselben Verordnung kann der Richter sogar einem Ehepartner die

Ehewohnung zuweisen, obwohl sie Eigentum des anderen Ehepartners ist, allerdings nur dann, wenn es darum geht, eine unbillige Härte zu vermeiden. Der Richter ist jedoch nicht befugt, Eigentum zu übertragen. Das bedeutet, falls der Nichteigentümer die im Alleineigentum des anderen Ehepartners stehende Wohnung alleine nutzen darf, muß eine zeitliche Begrenzung angeordnet werden.
Bei Dienst- oder Werkswohnungen gibt es besondere Probleme. Normalerweise kann eine solche Wohnung nur dem Werksangehörigen zugesprochen werden. Der Richter kann sie nur dann dem anderen Ehepartner zuweisen, wenn der Vermieter einverstanden ist (vgl. § 4 der HausratsVO).
Bei allen Entscheidungen hat der Richter die Umstände des Einzelfalls, insbesondere das Wohl der Kinder und die Erfordernisse des Gemeinschaftslebens, zu berücksichtigen (vgl. § 2 HausratsVO).

Zugewinnausgleich

Beim Zugewinnausgleich geht es darum, das gesamte Vermögen, das während der Ehezeit erworben wurde, zwischen den Eheleuten hälftig zu teilen. Voraussetzung für die Durchführung des Zugewinnausgleiches ist, daß die Eheleute in dem gesetzlichen Güterstand der Zugewinngemeinschaft leben (vgl. §§ 1363 bis 1390 BGB). Durch diese Vorschriften werden die Vermögensverhältnisse beider Eheleute vor und während der Ehe geregelt. Die Zugewinngemeinschaft ist nicht mit einer Vermögensgemeinschaft zu verwechseln. Vielmehr behält jeder Ehepartner das, was bereits bei der Eheschließung vorhanden war, und solange die Ehe besteht das, was er im Laufe der Zeit hinzuerworben hat. Gemeinschaftliches Eigentum der Eheleute sind nur solche Gegenstände, die gemeinsam angeschafft wurden oder, wie z.B. bei Grundstücken oder Häusern, wenn beide im Grundbuch als

Eigentümer eingetragen sind. Insoweit gelten dieselben Vorschriften für den Erwerb gemeinschaftlichen Eigentums, wie sie auch bei Personen gelten, die nicht miteinander verheiratet sind. Es macht keinen Unterschied, ob sich mehrere Personen, die z.B. miteinander geschäftliche Beziehungen pflegen, ein Haus oder Grundstück anschaffen, oder ob dies ein Ehepaar tut. Im Grunde handelt es sich beim Güterstand der Zugewinngemeinschaft um eine Art Gütertrennung mit Zugewinnausgleich bei Beendigung des Güterstandes. Das heißt, wird der Güterstand aufgelöst, soll das erwirtschaftete Vermögen gerecht verteilt werden.
Demgegenüber hat der Güterstand der Gütertrennung keinerlei Auswirkungen auf das Vermögen. Wollen die Ehepartner nicht im gesetzlichen Güterstand der Zugewinngemeinschaft leben, können sie durch einen notariellen Vertrag die Gütertrennung vereinbaren. Dies ist bereits vor der Eheschließung möglich. Häufig finden sich auch Vereinbarungen, die Mischformen zwischen beiden Güterständen vorsehen. Es handelt sich dann um die sogenannte modifizierte Zugewinngemeinschaft. Hierbei werden nur bestimmte Bereiche des Vermögens vom Zugewinnausgleich ausgeschlossen. Welcher Güterstand den Bedürfnissen der Eheleute am besten entspricht, muß im Einzelfall geprüft werden.

Roland K. aus Saarbrücken und seine Verlobte Angelika U. beabsichtigen zu heiraten. Neben seinem Privatvermögen ist Roland K. mit 50 Prozent Geschäftsanteil an einer GmbH beteiligt. Seine Verlobte verfügt über keinerlei Vermögensgegenstände. Die GmbH-Gesellschafter haben im Gesellschaftsvertrag vereinbart, daß zum Schutze des Unternehmens alle Gesellschafter im Falle der Eheschließung Verträge abschließen müssen, die im Falle einer Scheidung das Firmenvermögen vor dem Zugriff des anderen Ehepartners schützen. Roland K. und seine Verlobte Angelika U. fragen nach den Möglichkeiten der Vertragsgestaltung.

Betrachtet man allein die Interessen des Roland K., so wäre die Gütertrennung der richtige Güterstand. Er würde nämlich im Falle der Scheidung sowohl sein Privatvermögen als auch seine Geschäftsanteile vor dem Zugriff seiner Ehefrau schützen. Möchte aber Roland K. lediglich seinen Verpflichtungen aus dem Gesellschaftsvertrag nachkommen, im übrigen aber seiner Ehefrau auch für den Fall einer Scheidung den Zugewinnausgleich nicht versagen, bietet sich die oben bereits erwähnte modifizierte Zugewinngemeinschaft an. Die Verlobten werden daher in dem in notarieller Form zu schließenden Vertrag vereinbaren, daß die Vermögensbestandteile, die die Firma Roland K.s betreffen, vom Zugewinnausgleich ausgeschlossen werden, ansonsten aber der Zugewinnausgleich nach den gesetzlichen Vorschriften durchzuführen ist.

Lebt ein Ehepaar nun im gesetzlichen Güterstand der Zugewinngemeinschaft, soll im Fall der Scheidung zumindest wertmäßig ein Ausgleich des Vermögenszuwachses erfolgen. Um den Zugewinnausgleich zu berechnen, muß zunächst einmal der Zugewinn eines jeden Ehepartners ermittelt werden. Dies ist der Betrag, um den das Endvermögen eines Ehegatten sein Anfangsvermögen übersteigt (vgl. § 1373 BGB).
Zum Anfangsvermögen zählen sämtliche Vermögenspositionen abzüglich der Schulden (= Verbindlichkeiten), die der Ehepartner bei der Heirat, also bei Eintritt des Güterstandes in die Zugewinngemeinschaft, hatte (vgl. § 1374 Abs. 1 BGB). Dazu gehören z.B. Sparguthaben, Bargeld, Wertpapiere, Rückkaufswerte der Lebensversicherung und Immobilien (= Aktiva), aber auch die Schulden (= Passiva). Übersteigen die Verbindlichkeiten die Aktiva, so wird das Anfangsvermögen nicht mit einem Minusbetrag, sondern mit Null angesetzt.

ACHTUNG: Da es oft sehr schwer ist, rückblickend das Anfangsvermögen festzustellen, kann nur empfohlen werden, vor der Heirat ein Bestandsverzeichnis des Vermögens zu erstellen.

Da es Zweck der Zugewinngemeinschaft ist, das gemeinsam erwirtschaftete Vermögen untereinander auszugleichen, ist zu berücksichtigen, daß Erbschaften, Schenkungen und Ausstattungen – also Zuwendungen von außen –, die während der Ehe erfolgen und sich somit im Endvermögen des Partners befinden, nicht zum Zugewinn zählen. Sie werden deshalb auch dem Anfangsvermögen hinzugerechnet (vgl. § 1374 Abs. 2 BGB). Dadurch soll verhindert werden, daß der andere Ehepartner an der Erbschaft bzw. Schenkung in voller Höhe im Rahmen des Zugewinnausgleiches beteiligt wird. Vielmehr soll er nur an dem Wertzuwachs teilhaben. Hat z.B. das im Wege der Erbschaft erlangte Haus einen Wert in Höhe von 500 000 DM und bei Beendigung des Güterstandes, z.B. aufgrund erheblicher Renovierungen, einen Wert in Höhe von 700 000 DM, so fallen nur 200 000 DM in die Verteilungsmasse.
Zum Endvermögen gehören die Vermögenswerte, die bei Beendigung des Güterstandes bei dem jeweiligen Ehepartner vorhanden sind (vgl. § 1375 Abs. 1 BGB). Dabei sollte die Ehefrau unbedingt berücksichtigen, daß der maßgebliche Stichtag für die Beendigung des Güterstandes nicht etwa der Zeitpunkt der Trennung, sondern die Zustellung des Scheidungsantrages an den anderen Ehepartner ist (vgl. § 1384 BGB), es sei denn, es wurde einvernehmlich ein anderer Zeitpunkt, z.B. der Bilanzstichtag, vereinbart. Alle Vermögenswerte, die an diesem Stichtag vorhanden sind, unterliegen der Ausgleichspflicht.

Helmine und Waldemar A. aus Köln haben im Jahre 1958 die Ehe geschlossen. Der Ehemann verfügte seinerzeit über ein Sparguthaben in Höhe von 5000 DM, die Ehefrau brachte ihre Aussteuer mit einem Wert in Höhe von 3000 DM mit in die Ehe. Im Jahre 1991 reichte Waldemar A. die Scheidung ein, weil er auf einer Kegeltour die 25jährige Silke S. kennen- und liebengelernt hatte. Helmine A. ist zwar bereit, ihren Ehemann gehen zu lassen, jedoch nicht mit seinem gesamten Vermögen. Während der Ehe hat Waldemar A. Grundbesitz im Werte von 300 000 DM sowie Wertpapiere im Werte von 100 000 DM erworben. Helmine A. hingegen hat nur ein Sparguthaben in Höhe von 20 000 DM.

Im Rahmen des Zugewinnausgleiches ist Helmine A. an dem Vermögen ihres Mannes zu beteiligen. Man errechnet zunächst den Zugewinn eines jeden Ehepartners, der sich aus der Differenz zwischen dem End- und dem Anfangsvermögen ergibt. Rein rechnerisch ermittelt sich der Zugewinn der beiden Parteien folgendermaßen:

Endvermögen der Helmine A.	20 000 DM
abzügl. Anfangsvermögen	3 000 DM
Zugewinn von Helmine A.	17 000 DM

Endvermögen des Waldemar A.	400 000 DM
abzügl. Anfangsvermögen	5 000 DM
Zugewinn	395 000 DM

Hierbei ist vorausgesetzt worden, daß der Wert des Grundbesitzes eindeutig zu ermitteln ist. Ansonsten muß gegebenenfalls ein Sachverständiger hinzugezogen werden.
Bei dieser Berechnung wird jedoch außer acht gelassen, daß das damalige Anfangsvermögen wertmäßig nicht mit dem Endvermögen gleichzustellen ist, da die D-Mark inzwischen an Kaufkraft verloren hat. Um diesen Wertverlust auszugleichen, ist es erforderlich, den Wert des Anfangsvermögens unter Hinzuziehung des Preisindexes für die Lebenshaltung aller privaten Haushalte hochzurechnen. Der Lebenshaltungskostenindex, der vom Statistischen Bundesamt festgesetzt wird, ist bei diesem, aber auch bei Anwälten, Notaren, Banken und Sparkassen zu erfragen. Im vorliegenden Beispiel wird von einem Preisindex von 100

im Jahr 1985 ausgegangen; daraus ergibt sich für das Jahr 1991 ein Preisindex in Höhe von 110,5 und für das Jahr 1958 von 38,8.

Nach einer pauschalen Formel des Bundesgerichtshofes wird nun das jeweilige Anfangsvermögen mit dem Index am Ende der Ehe multipliziert und anschließend durch den Preisindex am Beginn der Ehe dividiert.

Das Anfangsvermögen der Helmine A. berechnet sich daher wie folgt: 3000 DM x 110,5 : 38,8 = 8543,82 DM.
Dieser Betrag ist anschließend vom Endvermögen in Höhe von 20 000 DM abzuziehen, so daß sich ein realer Zugewinn in Höhe von 11 456,18 DM ergibt. In gleicher Weise errechnet sich das Anfangsvermögen für Waldemar A.:

5000 DM x 110,5 : 38,8 = 14 239,69 DM.

Zieht man nun vom Endvermögen (400 000 DM) das hochgerechnete Anfangsvermögen ab, so verbleibt ein Zugewinn in Höhe von 385 760,31 DM.
Die Differenz zwischen beiden Zugewinnen beträgt 377 216,49 DM. Von diesem Betrag hat Waldemar A. die Hälfte = 188 608,25 DM an seine Ehefrau Helmine A. zu zahlen.

In der Praxis kommt es nicht selten vor, daß Ehemänner, die die Scheidung systematisch vorbereiten, bei Zustellung des Scheidungsantrages an die Ehefrau offiziell über keine Vermögenspositionen mehr verfügen. Hat die Ehefrau überhaupt keine Informationen über das vorhandene Vermögen, so wird es ihr sehr schwer fallen, das ursprüngliche Vermögen ihres Ehemannes nachzuweisen. Von daher ist jeder Ehefrau anzuraten, sich einen Überblick über die Vermögenssituation ihres Ehemannes zu verschaffen, indem sie aussagekräftige Unterlagen, Sparbücher, Wertpapiere, Rechnungen etc., kopiert, damit im Fall des Bestrei-

tens die entsprechenden Nachweise erbracht werden können. Vorsicht ist auch geboten, wenn der Ehemann im Wissen um das anstehende Ehescheidungsverfahren durch Zuwendungen an Dritte und Vermögensverschwendung den Zugewinnausgleich vereiteln will. Das Gesetz versucht solchen Absichten vorzubauen, indem es vorschreibt, daß bestimmte, nachweislich unverhältnismäßige Schenkungen und unwirtschaftliche Ausgaben dem Endvermögen hinzugerechnet werden müssen.
Wie das Anfangsvermögen kann auch das Endvermögen kein Negativbetrag sein.

Die Eheleute sind wechselseitig verpflichtet, Auskunft über ihr Endvermögen, bestehend aus sämtlichen Aktiva und Passiva, durch Vorlage eines geordneten Bestandsverzeichnisses mit den dazugehörigen Belegen zu erteilen. Dieser Auskunftsanspruch besteht jedoch erst ab dem Stichtag, von dem an der Zugewinnausgleichsanspruch – Zustellung des Scheidungsantrages an den anderen Ehepartner oder ein sonstiger vereinbarter Stichtag – geltend gemacht werden kann. Kommt ein Ehepartner dieser Verpflichtung nicht nach, kann eine Auskunftsklage angestrengt werden. Notfalls kann der sich weigernde Ehegatte durch Ordnungsgeld oder Ordnungshaft dazu gezwungen werden, Auskunft zu erteilen.
Ein Auskunftsanspruch hinsichtlich des Anfangsvermögens besteht dagegen nicht. Allerdings sollte folgendes berücksichtigt werden: Kann kein Anfangsvermögen nachgewiesen werden, wird davon ausgegangen, daß die betreffende Person ohne Vermögen in die Ehe gegangen ist; das Endvermögen gilt dann insgesamt als Zugewinn.

Die Ausgleichsforderung ist mit Beendigung des Güterstandes, also nach der rechtskräftigen Scheidung, fällig. Sie muß innerhalb der nächsten drei Jahre (nach der Mitteilung über die Beendigung des Güterstandes) geltend gemacht werden, da sie ansonsten verjährt. Würde eine sofortige Zahlung des Zugewinnausgleiches den Ausgleichspflichtigen besonders hart treffen, z.B. wenn er langfristig angelegtes Kapital durch unwirtschaftliche Maßnahmen flüssig machen müßte und damit die Existenz seines Unternehmens gefährdet, kann u.U. eine Stundung vereinbart werden. Der Ausgleichsberechtigte, der dann länger auf sein Geld warten muß, hat jedoch Anspruch auf Verzinsung der Ausgleichsforderung und eine Sicherheitsleistung, die das Familiengericht festlegt.

Vorzeitiger Zugewinnausgleich

Leben Eheleute seit drei Jahren getrennt, kann auf sogenannten vorzeitigen Zugewinnausgleich geklagt werden (vgl. § 1385 BGB). Da dafür nicht unbedingt ein Scheidungsverfahren eingeleitet sein muß, ist der Stichtag der Berechnung des Zugewinns natürlich nicht die Zustellung des Scheidungsantrages, sondern der Zeitpunkt der Klageerhebung (vgl. § 1387 BGB). Sobald das Urteil rechtskräftig geworden ist, tritt der Güterstand der Gütertrennung ein, auch wenn die Ehe noch weiter besteht.
Auf vorzeitigen Zugewinnausgleich kann auch geklagt werden, wenn einem Ehepartner eine Vernachlässigung oder Verletzung wirtschaftlicher Verpflichtungen, die sich aus der Ehe ergeben, vorzuwerfen ist und man davon ausgehen muß, daß dies auch in Zukunft der Fall sein wird. Das gleiche gilt, wenn eine erhebliche Gefährdung der künftigen Ausgleichsforderung zu befürchten ist (vgl. § 1386 Abs. 3 BGB). Dies ist beispielsweise dann der Fall, wenn der Ehemann seine Immobilien weit unter Verkehrswert veräußert oder verschenkt.

Erbrechtliche Folgen

Eine Scheidung wirkt sich automatisch auf das gesetzliche Erbrecht unter Eheleuten aus, da das gesetzliche Erbrecht das

Bestehen einer gültigen Ehe voraussetzt. Wird die Ehe geschieden, verliert der geschiedene Ehegatte seine Erbansprüche. Für die Kinder hat eine Scheidung dagegen im Bereich des gesetzlichen Erbrechts keine Konsequenzen.

Nach dem gesetzlichen Erbrecht erhält der Ehepartner neben den Kindern des Verstorben ein Viertel (vgl. § 1924 BGB) und neben den Eltern und Geschwistern des Erblassers die Hälfte der Erbschaft (vgl. § 1925 BGB). Ist keiner dieser Erben vorhanden, steht dem Überlebenden die gesamte Erbschaft zu (vgl. § 1931 Abs. 2 BGB). Auch im Falle der Gütertrennung oder besonderer testamentarischer Regelungen steht dem überlebenden Ehepartner per Gesetz ein Teil des Erbes bzw. ein Pflichtteilsanspruch zu (vgl. § 1931 Abs. 4 BGB bzw. § 2303 BGB). Darüber hinaus kennt das Gesetz ein gesetzliches Vermächtnis des überlebenden Ehgatten, welches in § 1932 BGB geregelt ist und mit „Voraus" bezeichnet wird. Danach stehen dem überlebenden Ehegatten neben den Eltern und Geschwistern des Verstorbenen außer seinem Erbteil die zum Haushalt gehörenden Gegenstände – soweit sie nicht Zubehör eines Grundstückes sind – sowie die Hochzeitsgeschenke zu. Bei all diesen erbrechtlichen Ansprüchen eines Ehegatten ist Voraussetzung, daß zum Zeitpunkt des Todes des Ehepartners eine gültige Ehe besteht. Dabei ist es unerheblich, wie lange die Ehe gedauert hat und ob die Eheleute zum Zeitpunkt des Erbfalls bereits getrennt gelebt haben.

Stirbt jedoch ein Ehegatte zu einem Zeitpunkt, zu dem bereits die Voraussetzungen für die Scheidung vorlagen, und hat der Erblasser die Scheidung beantragt bzw. dieser zugestimmt, dann tritt die Sonderregelung des § 1933 BGB in Kraft. Das Erbrecht und das Recht auf den „Voraus" entfallen, und dem überlebenden Ehepartner steht lediglich ein Unterhaltsanspruch zu, der gewährleisten soll, daß er zumindest in etwa so gestellt wird, als wäre die Ehe durch Scheidung beendet worden (vgl. §§ 1569 bis 1586 b BGB).

Selbstverständlich können Eheleute, genau wie nicht verheiratete Personen, durch letztwillige Verfügungen wie Testamente und Erbverträge Regelungen treffen, die von der gesetzlichen Erbfolge abweichen. Darüber hinaus haben Ehepaare nach § 2265 BGB die Möglichkeit, ein sogenanntes gemeinschaftliches Testament abzufassen. Sinn dieser Regelung ist es, den Eheleuten die Möglichekit einzuräumen, ihre erbrechtlichen Verhältnisse gemeinsam zu regeln und auch so voneinander abhängig zu machen, daß sie nicht einseitig oder nur unter ganz bestimmten Voraussetzungen geändert werden können.
Da diese gemeinschaftlichen Testamente nur durch Ehegatten abgeschlossen werden können, folgt daraus zwingend, daß eine Ehescheidung auf solche Testamente entsprechende Auswirkungen hat. Unwirksam wird ein gemeinschaftliches Testament dann, wenn zur Zeit des Todes eines Partners die Voraussetzungen für die Scheidung der Ehe gegeben waren und der Erblasser die Scheidung beantragt oder ihr zugestimmt hatte (vgl. § 2268 Abs. 1 iVm § 2077 Abs. 1 Satz 2 BGB). Dies soll nur dann nicht gelten, wenn anzunehmen ist, daß die im gemeinschaftlichen Testament vorgenommenen Verfügungen auch trotz der vorgenannten Voraussetzungen getroffen worden wären.
Haben Eheleute Einzeltestamente errichtet, wirkt sich eine Ehescheidung auf diese nicht aus. Selbstverständlich ist jeder Ehepartner berechtigt, sein Testament nach allgemeinen erbrechtlichen Vorschriften zu widerrufen (vgl. §§ 2253 ff. BGB).

Anders liegt der Fall bei Erbverträgen. Hier besteht die Möglichkeit des Widerrufs nicht. Der Erblasser kann aber den Erbvertrag entweder anfechten (vgl. 2281 ff. BGB) oder aber von ihm zurücktreten (vgl. §§ 2293 ff. BGB). Die Scheidung selbst wirkt sich auf den Erbvertrag nicht aus. Nach § 2294 BGB ist der Erblasser allerdings berechtigt, von einer vertragsmäßigen Verfügung zurückzutreten, wenn sich der Bedachte einer Verfehlung schuldig gemacht hat, die den Erblasser zur Entziehung des Pflichtteils

berechtigt. Da spätestens mit der Ehescheidung das Pflichtteilsrecht entfällt, liegen die Voraussetzungen für den Rücktritt vom Erbvertrag vor.
Auf weitere Einzelheiten des Ehegattenerbrechts sowie seiner Beziehung zum ehelichen Güterrecht kann wegen der Komplexität der damit verbundenen Rechtsfragen an dieser Stelle nicht eingegangen werden. Es sei lediglich darauf hingewiesen, daß beim Tode eines Ehepartners, der im gesetzlichen Güterstand der Zugewinngemeinschaft gelebt hat, der Überlebende zu seinem gesetzlichen Erbteil ein weiteres Viertel als pauschalen Zugewinnausgleich erhält (vgl. §§ 1931 Abs. 3, 1371 BGB).

Trennungs- und Ehescheidungsfolgenvereinbarung

Neben den oben aufgezeigten Möglichkeiten, Ehescheidungsfolgesachen im Falle einer Trennung oder Scheidung durch die Familiengerichte regeln zu lassen, besteht die Möglichkeit, solche Regelungen durch Verträge zwischen den Eheleuten herbeizuführen. Dies gilt für Kindesunterhalt, Getrenntleben- bzw. Nachehelichen Unterhalt, Versorgungsausgleich, Hausrat, Ehewohung, Zugewinn sowie die Kosten der Scheidung. Bei der Abfassung solcher Verträge sind die persönlichen und wirtschaftlichen Verhältnisse der Parteien zu berücksichtigen. So kommt es darauf an, welches Alter die Ehepartner haben, ob Kinder vorhanden sind, ob die Vermögensverhältnisse eher gleich oder unterschiedlich sind, ob beide Parteien berufstätig sind oder ob es sich um eine sogenannte Alleinverdienerehe handelt. Die Sach- und Rechtslage kann ausgesprochen umfangreich und kompliziert sein. Demtentsprechend sind solche Verträge für den Laien oft nicht verständlich und überschaubar. Es muß daher dringend davon abgeraten werden, ohne genaue Prüfung durch einen Anwalt einen solchen Vertrag zu unterzeichnen. Dies gilt um so mehr, wenn der Ehemann eine solche Vereinbarung ausschließlich zu seinen Gunsten von seinem Anwalt

hat entwerfen lassen. Der Anwalt des Ehemannes kann nicht gleichzeitig die widerstreitenden Interessen der Ehefrau vertreten. Vor Unterzeichnung des Ehevertrages sollte dieser daher von einem Anwalt der Ehefrau überprüft werden. Ist dann zwischen den Parteien eine Einigung erzielt worden, kann der Ehevertrag, soweit erforderlich, notariell beurkundet werden.
Wie eine solche Vereinbarung aussehen kann, ergibt sich aus nachstehend abgedrucktem Beispiel:

Urkundenrolle Nr.
Verhandelt
zu Duisburg
am 01. April 1998
vor dem unterzeichneten Notar
Willibald Mustermann
in Duisburg

erschienen heute:

1. *Herrn Peter Müller, geb. am 08.04.1964, Angestellter wohnhaft: Beispielstr. 36, 47051 Duisburg – ausgewiesen durch Vorlage des gültigen Personalausweises*

2. *Frau Maria Müller, geb. Kowalzik, geb. am 06.04.1966, Arzthelferin, wohnhaft: Beispielstr. 94, 47051 Duisburg – ausgewiesen durch Vorlage des gültigen Personalausweises*

Die Erschienenen erklären,

wir sind getrennt lebende Eheleute. Aus unserer Ehe ist der Sohn Wilfried, geb. am 23.12.1986 hervorgegangen.
Wir treffen folgende Scheidungsvereinbarung:

§ 1 Kindesunterhalt

Der Erschienene zu 1. verpflichtet sich, Kindesunterhalt für den Sohn

Wilfried in Höhe von monatlich DM 590,00 ab dem 01.04.1998 zu Händen der Erschienenen zu 2. monatlich im Voraus zu zahlen. Das Kindergeld, das die Erschienene zu 2. für den Sohn Wilfried erhält, wird auf diesen Unterhalt nicht angerechnet

§ 2 Nachehelicher Unterhalt

Der Erschienene zu 1. verpflichtet sich, eine monatliche Unterhaltsrente in Höhe von DM 1000,00 bis spätestens zum 3. Werktag eines jeden Monats an die Erschienene zu 2. zu zahlen. Diese Regelung gilt für die Dauer von 3 Jahren, beginnend mit dem ersten des auf die Rechtskraft der Scheidung folgenden Monats. Danach schuldet der Erschienene zu 1. nachehelichen Unterhalt nach den gesetzlichen Vorschriften.

§ 3 Elterliche Sorge

Die Erschienenen zu 1. und 2. sind sich darüber einig, daß die elterliche Sorge für den gemeinsamen Sohn Wilfried der Mutter übertragen wird.

§ 4 Umgangsrecht

Der Erschienene zu 1. erhält ein großzügiges Umgangsrecht mit dem Sohn Wilfried. Jedes 2. Wochenende kann er das Kind in der Zeit von Freitag 18.00 Uhr bis Sonntag 18.00 Uhr zu sich nehmen. Nach Abstimmung mit der Erschienenen zu 2. kann er auch Urlaub und Feiertage mit dem Kind verbringen.

§ 5 Krankenversicherung

Der Erschienene zu 1. verpflichtet sich, die bisherige private Krankenversicherung der Erschienenen zu 2. und dem gemeinsamen Kind aufrechtzuerhalten.

§ 6 Hausrat

Die Erschienenen zu 1. und 2. sind sich darüber einig, daß die Wohnungseinrichtung und der Hausrat aufgeteilt sind. Weitergehende Ansprüche bestehen insoweit nicht.

§ 7 Zugewinn

Der Erschienene zu 1. verpflichtet sich an die Erschienene zu 2. innerhalb von drei Wochen vom Zeitpunkt der Rechtskraft der Scheidung an, zum Ausgleich des Zugewinns einen einmaligen Betrag in Höhe von DM 30.000 zu zahlen.

§ 8 Vollstreckungsklausel

Wegen der in diesem Vertrag genannten Zahlungsverpflichtungen unterwirft sich der Erschienene zu 2. hiermit der sofortigen Zwangsvollstreckung in sein gesamtes Vermögen.

§ 9 Kosten

Die Kosten dieser Verhandlung und ihres Vollzuges tragen die Erschienenen zu 1. und 2. jeweils zur Hälfte.

Vorstehende Verhandlung wurde den Erschienenen von dem Notar vorgelesen, von ihnen genehmigt und dann von ihnen und dem Notar eigenhändig – wie folgt – unterschrieben.

Das Scheidungsverfahren

Der Scheidungsantrag ist nur durch einen Rechtsanwalt bei dem zuständigen Familiengericht einzureichen, mit anderen Worten: bei Scheidungen besteht „Anwaltszwang". Je nachdem, ob sich die Eheleute über die Scheidung und deren Bedingungen einig sind, kann der zweite Ehegatte auf einen Anwalt verzichten. Zum ersten Gespräch mit dem Anwalt sollte die zur Scheidung entschlossene Ehefrau die Heiratsurkunde bzw. das Stammbuch und ihren Personalausweis mitbringen. Nachdem die Fragen zum Scheidungsbegehren geklärt und der Anwalt eine Vollmacht erhalten hat, kann der Scheidungsantrag gefertigt und beim zuständigen Gericht eingereicht werden.

Zuständigkeit des Gerichts

Die Zuständigkeit des Gerichts ergibt sich aus § 606 ZPO. Grundsätzlich ist das Gericht zuständig, in dessen Gerichtsbezirk beide Eheleute wohnen. Leben sie in unterschiedlichen Gerichtsbezirken, ist das Gericht zuständig, in dessen Bezirk einer von ihnen mit den gemeinsamen minderjährigen Kindern lebt. Liegt auch diese Voraussetzung nicht vor, ist das Gericht anzurufen, in dessen Bezirk sich der letzte gemeinsame Wohnsitz befindet, soweit einer der Ehepartner dort wohnt. Sind beide Eheleute in einen anderen Gerichtsbezirk verzogen, so ist das Familiengericht zuständig, bei dem der Gegner des Scheidungsantrages lebt. Sollte dieser im Ausland leben, ist das Gericht zuständig, in dessen Bezirk die Antragstellerin wohnt. Greift keiner dieser Gerichtsstände ein, so ist das Amtsgericht Schöneberg in Berlin zuständig. In den fünf neuen Bundesländern ist die Organisation der Gerichte inzwischen derjenigen in den alten Bundesländern angeglichen worden, so daß das vorstehend Gesagte auch dort Geltung hat.

Zustellung des Scheidungsantrages

Für das Tätigwerden des Gerichts ist es erforderlich, daß derjenige, der den Scheidungsantrag einreicht, die gesetzlich vorgesehenen Gerichtskosten einzahlt, oder aber, daß der Scheidungsantrag verbunden wird mit einem Antrag auf Bewilligung von Prozeßkostenhilfe. Unter welchen Voraussetzungen diese zu bewilligen ist, wird noch im einzelnen dargelegt. Sind die Gerichtskosten eingezahlt oder ist Prozeßkostenhilfe bewilligt worden, wird das Gericht den Scheidungsantrag dem Ehemann zustellen. Erst jetzt spricht man von Rechtshängigkeit des Scheidungsverfahrens.
Es sei noch einmal daran erinnert, daß jetzt das Gericht beiden Parteien die Formulare für den Versorgungsausgleich zustellt, die so schnell wie möglich ausgefüllt werden sollten, da sonst das ganze Scheidungsverfahren unnötig verzögert wird.

Scheidungstermine

Mit der Zustellung des Scheidungsantrages wird dem Ehemann eine Frist zur Stellungnahme gesetzt. Für das weitere Verfahren sieht das Gesetz unterschiedliche Möglichkeiten vor. Teilweise beraumt das Gericht einen sogenannten frühen ersten Termin zur mündlichen Verhandlung an, in dem die Parteien zur Person sowie zu den Scheidungsvoraussetzungen – insbesondere zu Trennungszeitpunkt und Scheidungswillen – befragt werden. Liegen die Auskünfte der Rentenversicherungsträger vor, was in der Regel erst nach einigen Monaten der Fall ist, beraumt das Gericht einen sogenannten Abschlußtermin an, zu dem die Parteien häufig nicht mehr zu erscheinen brauchen. Entweder wird die Ehe an diesem Termin geschieden, oder es wird ein Verkündungstermin angesetzt, zu dem üblicherweise weder Anwälte noch Parteien erscheinen.
Vielfach beraumen die Gerichte erst einen Haupttermin zur mündlichen Verhandlung an, wenn alle Voraussetzungen für eine Scheidung – einschließlich der Auskunft der Rentenversicherungsträger – vorliegen. Auch zu diesem Termin kann die Ehe entweder geschieden oder ein Verkündungstermin anberaumt werden. Sind sich die Parteien hinsichtlich der Scheidung und ihrer Folgesachen einig, dauert die mündliche Verhandlung oft nur 1/4 bis 1/2 Stunde. Meist wird über den Scheidungsantrag und die Scheidungsfolgesachen an einem Termin entschieden. In Ausnahmefällen können Folgesachen wie z.B. der Versorgungsausgleich abgetrennt und später entschieden werden.

Zustellung des Scheidungsurteils

In der Regel werden die Scheidungsurteile ca. zwei Wochen nach der Verkündung zugestellt. Nach Ablauf eines Monats seit Zustellung wird das Urteil rechtskräftig, wenn keine der Parteien Berufung vor dem zuständigen Oberlandesgericht eingelegt hat.

In diesem Fall bescheinigt das Familiengericht auf der Ausfertigung des Urteils die Rechtskraft. Das Scheidungsurteil kann auch sofort rechtskräftig werden, wenn beide Parteien anwaltlich vertreten sind und erklären, daß die Rechtskraft des Urteils sofort eintreten soll und sie auf Berufung verzichten. Diese Rechtskraft umfaßt allerdings nicht die Entscheidung zum Versorgungsausgleich, da die Rentenversicherungsträger selbst Rechtsmittel (Berufung) einlegen können.

Kosten des Scheidungsverfahrens

Scheidung auf eigene Rechnung

Im Urteil entscheidet das Gericht auch über die Kosten des Verfahrens. Grundsätzlich werden die Gerichtskosten geteilt, während jeder Ehepartner seine Anwaltskosten alleine zu tragen hat. Um Kosten zu sparen, machen die Parteien von Ehescheidungsverfahren häufig von der Möglichkeit Gebrauch, daß nur ein Ehepartner sich anwaltlich vertreten läßt, so daß die Rechtsanwaltsgebühren auch nur einmal anfallen. Zwar ist es kostengünstiger, nur einen Anwalt in Anspruch zu nehmen, nicht aber in jedem Falle ratsam, vor allem, wenn es voraussichtlich Auseinandersetzungen z.B. um den Unterhalt geben wird. Nur wenn die Scheidung und sämtliche Folgesachen zwischen den Parteien unstreitig sind, sollten sich die Parteien darauf verständigen, daß nur einer von ihnen anwaltlich vertreten ist. Dies muß derjenige sein, der die Scheidung einreichen möchte. An dieser Stelle sei ausdrücklich darauf hingewiesen, daß keine Möglichkeit besteht, einen gemeinsamen Anwalt zu wählen, da der Anwalt aufgrund gesetzlicher Vorschriften nicht beide Ehepartner vertreten darf. Abgesehen davon ist er dazu auch gar nicht in der Lage, wenn beide Parteien unterschiedliche Interessen verfolgen. Beantragt z.B. die Ehefrau das Sorgerecht für die gemeinsamen Kinder für

sich allein, kann nicht derselbe Anwalt den gegenteiligen Anspruch für den Ehemann stellen.
Einigen sich die Eheleute auf einen Anwalt, und sagt der nicht anwaltlich vertretene Ehepartner dem anderen eine Beteiligung an dessen Anwaltskosten zu, so empfiehlt sich eine vorherige schriftliche Vereinbarung, da die Erfahrung in der Praxis gezeigt hat, daß mit Abschluß des Scheidungsverfahrens derartige Zusagen oft nicht eingehalten werden.

Die Höhe der Kosten berechnen sich nach dem sogenannten Streitwert. Dieser errechnet sich für das Ehescheidungsverfahren nach dem dreifachen Nettoeinkommen beider Eheleute. Der Streitwert für das Sorgerecht ist ein Regelstreitwert und beträgt 1500 DM. Der Streitwert für den Versorgungsausgleich beträgt mindestens 1000 DM. Der genaue Betrag richtet sich nach der Höhe des Jahresbetrages der zu übertragenen Rentenanwartschaften. Anhand des dann feststehenden Gesamtstreitwertes werden die Gerichts- und Anwaltsgebühren entsprechend den gesetzlichen Bestimmungen berechnet. Sollten im Scheidungsverfahren noch weitere Folgesachen gerichtlich geklärt werden, wie z.B. nachehelicher Unterhalt, Zugewinn und Hausrat, so erhöht sich der Streitwert um die Werte der zu regelnden Positionen, mit der Folge, daß sich auch die Gebühren erhöhen.

Gerichts- und Anwaltskosten

Die Eheleute Michaela und Heribert Z. aus Köln haben ein monatliches Nettoeinkommen in Höhe von 1500 DM bzw. 4500 DM. Bei der Ehescheidung soll über das Sorgerecht für zwei minderjährige Kinder entschieden werden. Der Ehemann hat Rentenanwartschaften in Höhe von monatlich 350 DM auf das Rentenkonto seiner Ehefrau zu übertragen.

Es ergeben sich folgende Streitwerte:

Ehescheidung 6000 DM x 3 =	*18 000 DM*
Sorgerecht	*1 500 DM*
Versorgungsausgleich 350 DM x 12	*4 200 DM*
Streitwert	*23 700 DM*

Hat man auf diese Weise den Streitwert ermittelt, kann man anhand von Tabellen die anfallenden Gebühren und Kosten ermitteln. Die Gerichtskosten entnimmt man der Gerichtskostentabelle und die Rechtsanwaltsgebühren der Bundesrechtsanwaltsgebührenordnung (BRAGO). Dabei ist zu berücksichtigen, daß es für die alten und neuen Bundesländer unterschiedliche Gebührentabellen gibt (vgl. Seite 134 ff).

Die Gerichtskosten für ein Scheidungsverfahren richten sich für die erste Instanz nach dem Kostenverzeichnis des Gerichtskostengesetzes Nr. 1110 bis 1119. Nach Nr. 1110 entsteht demnach eine Verfahrensgebühr und nach Nr. 1116, anders als in sonstigen Zivilrechtsstreitigkeiten, nur eine Urteilsgebühr. Erklären beide Eheleute den Rechtsmittelverzicht, d.h. verzichten sie darauf, Berufung einzulegen, ermäßigt sich die Urteilsgebühr auf eine halbe Gerichtsgebühr. Die Höhe der jeweils zu entrichtenden Gebühr ergibt sich aus der Anlage 2 zu § 11 Abs. 2 Gerichtskostengesetz (GKG).
Im vorstehenden Beispiel betragen die Gerichtskosten zweimal 430 DM. In den neuen Bundesländern entstehen Kosten von zweimal 387 DM.

Nach § 58 Abs. 1 GKG haften die Eheleute als Gesamtschuldner. Das bedeutet, daß jeder der Ehepartner nur die Hälfte der Gerichtskosten zu tragen hat. Nach außen jedoch haftet jeder Ehepartner für die volle Summe, die allerdings nur einmal zu zahlen ist. Wenn also ein Ehegatte aufgrund seiner finanziellen

Verhältnisse nicht in der Lage ist, die Hälfte der Gerichtskosten zu übernehmen, muß der andere Ehegatte die volle Summe tragen (vgl. § 58 Abs. 2 Satz 1 GKG).

Zusätzlich entstehen folgende Anwaltskosten:

1. Prozeßgebühr nach §§ 11, 31 Abs. 1 Satz 1 BRAGO (10/10) nach einem Streitwert von	23 700 DM
Alte Bundesländer	1025,00 DM
Neue Bundesländer	922,50 DM
2. Verhandlungsgebühr gem. §§ 11, 31 Abs. 1 Satz 2 BRAGO (10/10)	
Alte Bundesländer	1025,00 DM
Neue Bundesländer	922,50 DM
3. Beweisgebühr gem. §§ 11, 31 Abs. 1 Satz 3 BRAGO nach einem Streitwert in Höhe von 18 000 DM (10/10)	
Alte Bundesländer	875,00 DM
Neue Bundesländer	787,50 DM
4. Auslagenpauschale gem. § 26 BRAGO	
Alte Bundesländer	40,00 DM
Neue Bundesländer	40,00 DM
5. 16 % MwSt	
Alte Bundesländer	474,40 DM
Neue Bundesländer	427,60 DM
gesamt: Alte Bundesländer	3439,40 DM
gesamt: Neue Bundesländer	3100,10 DM

Neben den Gerichtskosten hat jeder Ehepartner die Anwaltskosten in vorstehender Höhe zu tragen, es sei denn, nur eine der Parteien ist anwaltlich vertreten, dann fallen die Anwaltsgebühren nur beim Antragsteller an. Auf die Möglichkeit der Kostenteilung bei den Anwaltskosten wurde bereits oben hingewiesen.

Beratungs- und Prozeßkostenhilfe

Unter bestimmten Voraussetzungen gewährt der Staat auch im Ehescheidungsverfahren eine finanzielle Unterstützung. Das frühere Armenrecht ist durch die Einführung der Beratungs- und Prozeßkostenhilfe abgelöst worden. Voraussetzung für die Bewilligung einer solchen Unterstützung ist die Bedürftigkeit der jeweiligen Partei.

Wer ein sehr geringes Einkommen hat, kann unter Vorlage der entsprechenden Belege beim Amtsgericht einen Berechtigungsschein für Beratungshilfe beantragen. Diese wird ihm dann gewährt, wenn er die zur Rechtsverfolgung erforderlichen Mittel nach seinen persönlichen und wirtschaftlichen Verhältnissen nicht aufbringen kann, andere Möglichkeiten für eine Hilfe, deren Inanspruchnahme zumutbar sein muß, nicht zur Verfügung stehen und die Wahrnehmung der Rechte nicht mutwillig ist (vgl. § 1 Beratungshilfegesetz). Liegen die Voraussetzungen vor, wird das Amtsgericht einen Beratungsschein ausstellen. Mit diesem Schein kann der Rechtsuchende sich bei einem Anwalt seiner Wahl beraten lassen. Nach § 8 Beratungshilfegesetz hat er dem Anwalt eine Gebühr in Höhe von 20 DM zu entrichten. Diese kann der Anwalt jedoch erlassen.

Ähnlich ist das Verfahren zur Bewilligung von Prozeßkostenhilfe (vgl. dazu § 115 ZPO). Um dem Gericht eine Prüfung der Bedürftigkeit zu ermöglichen, muß auf einem speziellen Vordruck eine Erklärung über die persönlichen und wirtschaftlichen Verhältnisse abgegeben werden. Zum Nachweis sind entsprechende Belege beizufügen. Sind die Eheleute beispielsweise Sozialhilfeempfänger oder beziehen sie Arbeitslosenhilfe, reicht es, wenn zusammen mit der Erklärung über die persönlichen und wirtschaftlichen Verhältnisse die jeweiligen Bewilligungsbescheide bei Gericht eingereicht werden.

Liegen die Voraussetzungen vor und besteht insbesondere hinsichtlich des Verfahrens Aussicht auf Erfolg, wird das Gericht in einem Beschluß Prozeßkostenhilfe ohne Ratenzahlung bewilligen, was bedeutet, daß der Antragsteller weder Gerichts- noch Anwaltskosten zu zahlen hat. Der Anwalt rechnet mit der Staatskasse ab. Hierbei ist besonders darauf zu achten, daß diese Regelung nur für die eigenen Anwaltskosten gilt. Sollte der Antragsteller in dem Rechtsstreit unterliegen, hat er die Kosten des gegnerischen Rechtsanwaltes selbst zu tragen. Das hat seinen Grund darin, daß seine Bedürftigkeit nicht dazu führen darf, daß er anders als jeder Rechtsuchende keinerlei Prozeßrisiko trägt. Sollte sich die wirtschaftliche Situation des Antragstellers in der Folgezeit so verbessern, daß die Voraussetzungen für die Bewilligung von Prozeßkostenhilfe nicht mehr vorliegen, wird das Gericht die Partei auffordern, die verauslagten Gerichts- und Anwaltskosten zu erstatten. Dabei sind monatliche Rückzahlungsraten möglich.

Bei wirtschaftlich bessergestellten Parteien kann unter Umständen Prozeßkostenhilfe in Form von Ratenzahlungen angeordnet werden. Im Fall der Bewilligung von Prozeßkostenhilfe mit Ratenzahlung hat die Partei zwar sämtliche Anwalts- und Gerichtskosten zu übernehmen, doch diese werden nicht sofort fällig, sondern können vielmehr in Ratenzahlungen gegenüber dem Gericht erbracht werden. Der Anwalt rechnet mit der Staatskasse ab. Anders als in Fällen der Prozeßkostenhilfe ohne Ratenzahlung, in denen der Rechtsanwalt nur die reduzierten Gebühren erhält (vgl. § 123 BRAGO), fallen hier die vollen Gebühren an (vgl. § 11 BRAGO).

Prozeßkostenvorschuß

Häufig wird der Antrag der Ehefrau auf Bewilligung von Prozeßkostenhilfe für das Scheidungsverfahren und/oder seine Folgesachen mit der Begründung zurückgewiesen, der Ehemann verfüge über ein zu hohes Einkommen. Zu diesem Ergebnis kommt man selbst dann, wenn die Ehefrau kein eigenes Einkommen hat, da stets die wirtschaftlichen Verhältnisse beider Eheleute berücksichtigt werden.

Dies führt jedoch nicht etwa dazu, daß die Ehefrau ihr Vorhaben, sich scheiden zu lassen oder Unterhaltsansprüche geltend zu machen, aufgeben müßte. Das Gesetz sieht vielmehr für Eheleute, die in ehelicher Gemeinschaft leben (vgl. § 1360 a Abs. 4 BGB) und für getrennt lebende Eheleute (vgl. § 1361 Abs. 4 Satz 4 BGB) ausdrücklich vor, daß der Ehemann prozeßkostenvorschußpflichtig ist. Das bedeutet, daß die Ehefrau notfalls auch mittels gerichtlicher Hilfe ihre Gerichts- und Anwaltskosten, die sie für die Durchführung des Verfahrens benötigt, bei ihrem Ehemann geltend machen kann. Nach Abschluß des jeweiligen Verfahrens kommt unter gewissen Umständen, insbesondere, wenn die finanziellen Möglichkeiten der Ehefrau es inzwischen erlauben, ein Rückforderungsanspruch des Ehemannes in Betracht.

Anhang

Liste 1

Meine persönliche Checkliste für die Trennung

① Mitnahme der persönlichen Unterlagen wie Zeugnisse, Rentenunterlagen, Kontoauszüge, Sparbücher, Familienstammbuch, Geburtsurkunde und persönliche Unterlagen der Kinder, z.B. Geburtsurkunden, Zeugnisse, Impfpässe.

② Fotokopieren der Gehaltsbescheinigungen bzw. Bilanzen sowie aller Urkunden über Vermögenspositionen meines Ehemannes wie Lebensversicherung, Aktien, Wertpapiere etc.

③ Informationen und Nachweise über bestehende gemeinsame Schulden sowie laufende Kosten wie Miete, Nebenkosten, Versicherungsbeiträge etc. beschaffen.

④ Informationen über das gemeinsame Grundeigentum beschaffen bzw. die erforderlichen Belege wie Grundbuchauszug, Grundsteuerbescheid etc. kopieren.

⑤ Mitnahme der im persönlichen Eigentum stehenden Gegenstände sowie Geschenke, Kleidung etc.

⑥ Einigung mit meinem Ehemann über den Hausrat; wenn dies nicht möglich ist, Mitnahme der notwendigen Gegenstände, die ich in etwa auch bei einer Gerichtsentscheidung erhalten würde.

⑦ Klärung des Mietverhältnisses.

⑧ Klärung der Haftung für gemeinsame Schulden.

⑨ Klärung des Krankenversicherungsschutzes.

⑩ Wenn erforderlich, Auskunftssperre beim Einwohnermeldeamt und bei allen zuständigen Ämtern veranlassen.

⑪ Wenn erforderlich, Frauenverbände um Hilfe bitten und Rechtsanwältin einschalten.

Liste 2

Meine persönliche Checkliste zur Ermittlung des Einkommens meines Ehemannes (siehe Ratgeber S. 47 ff)

① Einkünfte aus nichtselbständiger Arbeit durchschnittliches monatliches **Nettoeinkommen** ermittelt aus den letzten 12 Gehaltsabrechnungen .... DM

\+ Arbeitgeberanteil aus vermögenswirksamen Leistungen .... DM

abzügl. Kosten für berufsbedingte Aufwendungen (pauschal 5%, höchstens 260 DM) .... DM

abzügl. Beiträge für Krankenversicherung bei freiwillig Versicherten .... DM

und/oder

② Einkünfte aus selbständiger Tätigkeit .... DM

monatlicher Gewinn aus den letzten drei Jahren .... DM

\+ evtl. Abschreibungen für Anlagegüter (AfA) .... DM

\+ evtl. Rückstellungen (z.B. für Renovierung) .... DM

abzügl. Kosten für Krankenversicherung .... DM

abzügl. Kosten für Altersvorsorge .... DM

und/oder

③ Einkünfte aus Vermietung oder Verpachtung laut Einkommensteuererklärung, umgerechnet auf einen Monat .... DM

und/oder

④ Einkünfte aus Kapitalvermögen laut Einkommensteuererklärung, umgerechnet auf einen Monat .... DM

und/oder

⑤ Einkünfte aus Rentenanwartschaften laut Rentenbescheid .... DM

und/oder

⑥ Sonstige Einkünfte (z.B. Arbeitslosengeld) .... DM

Gesamteinkommen .... DM

abzügl. Einkommensteuer, soweit vorstehend noch nicht berücksichtigt .... DM

abzügl. monatliche Schuldenrate für gemeinsame Schulden .... DM

abzügl. anderer evtl. zu berücksichtigender Kosten DM

....

= Anrechenbares Einkommen .... DM

Liste 3

Meine persönliche Checkliste zur Ermittlung des Kindesunterhaltes (siehe Ratgeber S. 47 ff)

Kindesunterhalt für das erste Kind laut entsprechender Tabelle:

Anrechenbares Nettoeinkommen meines Ehemannes lt. Liste 2 .... **DM**

Anhand dieses Betrages in der entsprechenden Unterhaltstabelle (z.B. DT) den Kindesunterhalt ermitteln .... **DM**

Wenn ich das Kindergeld bekomme: abzügl. Hälfte des Kindergeldes .... **DM**

Wenn mein Mann das Kindergeld erhält: zuzügl. Hälfte des Kindergeldes .... **DM**

Kindesunterhalt .... **DM**

Der Kindesunterhalt für weitere Kinder wird wie oben berechnet.

Selbstbehalt und Bedarfskontrollbetrag beachten!

Liste 4

Meine persönliche Checkliste zur Berechnung meines Getrenntleben-Unterhaltes, wenn keine eigenen Einkünfte vorliegen

(siehe Beispiel S. 69 ff)

Ich habe während der Ehezeit nicht gearbeitet, und auch nach der Trennung ist mir keine berufliche Tätigkeit zuzumuten

Anrechenbares Nettoeinkommen meines Ehemannes lt. Liste 2 .... **DM**

abzügl. Kindesunterhalt lt. Liste 3 .... **DM**

= bereinigtes Nettoeinkommen .... **DM**

davon 3/7 = Unterhaltsanspruch .... **DM**

Selbstbehalt und Bedarfskontrollbetrag beachten!

Liste 5

Meine persönliche Checkliste für die Berechnung des Getrenntleben-Unterhaltes, wenn eigene Einkünfte vorliegen (Differenzmethode)

(siehe Beispiel S. 70 ff)

Ich habe schon vor der Trennung gearbeitet, so daß der Unterhalt nach der Differenzmethode berechnet wird

Anrechenbares Nettoeinkommen meines Ehemannes lt. Liste 2	.... DM
abzügl. Kindesunterhalt laut Liste 3	.... DM
= bereinigtes Nettoeinkommen	.... DM
abzügl. eigenes anrechenbares Einkommen	.... DM
Differenz	.... DM
davon 3/7 = Unterhaltsanspruch	.... DM

Selbstbehalt und Bedarfskontrollbetrag beachten!

Liste 6

Meine persönliche Checkliste für die Berechnung des Getrenntleben-Unterhaltes, wenn eigene Einkünfte vorliegen (Anrechnungsmethode)

(siehe Beispiel S. 71 f)

Ich habe erst nach der Trennung eine berufliche Tätigkeit aufgenommen, so daß der Unterhalt nach der Anrechnungsmethode berechnet wird.

Anrechenbares Nettoeinkommen meines Ehemannes lt. Liste 2	.... **DM**
abzügl. Kindesunterhalt lt. Liste 3	.... **DM**
= bereinigtes Nettoeinkommen	.... **DM**
davon 3/7 = Unterhaltsanspruch	.... **DM**
abzügl. eigenes anrechenbares Einkommen	.... **DM**
verbleibender Unterhaltsanspruch	.... **DM**

Selbstbehalt und Bedarfskontrollbetrag beachten!

Liste 7

Meine persönliche Checkliste zur Berechnung des Getrenntleben-Unterhaltes, wenn ich Einkünfte aus unzumutbarer Tätigkeit erziele

(Anreiz-Siebtel s. Beispiel S. 72 f)

① Anrechenbares Nettoeinkommen meines Ehemannes lt. Liste 2	.... **DM**
abzügl. Kindesunterhalt lt. Liste 3	.... **DM**
= bereinigtes Nettoeinkommen des Ehemannes	.... DM
② Anrechenbares Nettoeinkommen der Ehefrau	.... **DM**
abzügl. sog. Anreiz-Siebtel	.... **DM**
verbleiben	.... **DM**
davon 1/2	.... **DM**
③ Bereinigtes Nettoeinkommen der Ehemannes	.... **DM**
abzügl.Ergebnis Ziffer ②	.... **DM**
verbleiben	.... **DM**
davon 3/7 = Unterhaltsanspruch	.... **DM**

Selbstbehalt und Bedarfskontrollbetrag beachten!

Liste 8

Meine persönliche Checkliste zur Berechnung des nachehelichen Unterhaltes inklusive Altervorsorgeunterhalt

(siehe Beispiel S. 77 f)

Ich erziele keine eigenen Einkünfte

Anrechenbares Nettoeinkommen meines Ehemannes lt. Liste 2	.... **DM**
abzügl. Kindesunterhalt lt. Liste 3	.... **DM**
= bereinigtes Nettoeinkommen	.... **DM**
davon 3/7 (= Elementarunterhalt)	.... **DM**
zuzügl. Steuer- und Sozialabgaben (Hochrechnung nach Bremer Tabelle)	.... **DM**
= Brutto-Betrag	.... **DM**
davon 20,3% (= Regelbeitragssatz für die gesetzliche Rentenversicherung Stand 1998) = Vorsorgeunterhalt	.... **DM**
Bereinigtes Nettoeinkommen meines Ehemannes (s.o.)	.... **DM**
abzügl. Vorsorgeunterhalt	.... **DM**
verbleiben	.... **DM**
davon 3/7 = Unterhalt	.... **DM**
zuzügl. Vorsorgeunterhalt	.... **DM**
= Unterhalt inkl. Altersvorsorgeunterhalt	.... **DM**

Selbstbehalt und Bedarfskontrollbetrag beachten!

Liste 9

Meine persönliche Checkliste für die Hausratsverteilung

Persönliche Gegenstände und Geschenke, die nicht zum gemeinsamen Hausrat gehören (siehe Ratgeber Seite 87 ff)

A *Welche Gegenstände besaß ich bereits vor der Eheschließung* (z.B. Aussteuer, Schmuck, Möbel, Erbstücke)

1. ....

2. ....

3. ....

4. ....

5. ....

6. ....

7. ....

8. ....

9. ....

10. ....

11. ....

12. ....

13. ....

14 ....

15 ....

16 ....

17. ....

18. ....

19. ....

20. ....

21. ....

22. ....

23. ....

24. ....

25. ....

26. ....

27. ....

28 ....

29 ....

30 ....

31 ....

32 ....

B *Welche persönlichen Gegenstände habe ich während der Ehe erhalten*
(z.B. zu Geburtstagen, zu Weihnachten, zum Muttertag)?

1. ....

2. ....

3. ....

4. ....

5. ....

6. ....

7. ....

8. ....

9. ....

10. ....

11. ....

12. ....

13. ....

14 ....

15 ....

16 ....

17 ....

11. ....

12. ....

13. ....

14. ....

15. ....

16. ....

17. ....

18. ....

19. ....

20. ....

21. ....

22 ....

23 ....

24 ....

25 ....

26 ....

27 ....

Sollte der Platz nicht ausreichen, bitte ein gesondertes Blatt hinzunehmen!

Liste 10

Meine persönliche Checkliste für die Hausratsverteilung
Welcher gemeinsame Hausrat befindet sich in der Ehewohnung?

Bei der Auflistung des Hausrates muß ich an folgende Räume denken, die ich jeweils auf gesonderte Listen eintrage:

- Diele
- Küche
- Bad/Toilette
- Wohn-/Eßzimmer
- Schlafzimmer
- Kinderzimmer
- evtl. Gästezimmer
- Keller
- Garten/ Terrasse/ Balkon
- Garage

Die Gegenstände sind so genau wie möglich zu bezeichnen, möglichst mit Angabe des Herstellers, der Typenbezeichnung oder der Artikelnummer.

Die folgende Liste ist als Kopiervorlage gedacht, auf der links oben der jeweilige Raum eingetragen werden kann, um anschließend die einzelnen Hausratgegenstände aufzuführen.
Rechts außen kann ich markieren, welche Gegenstände ich mitnehmen möchte.

Raum:

	Gegenstand	Anschaffungstag	Anschaffungspreis	Zeitwert	
1.					❑
2.					❑
3.					❑
4.					❑
5.					❑
6.					❑
7.					❑
8.					❑
9.					❑
10					❑
11					❑
12					❑
13.					❑
14					❑
15					❑
16					❑
17					❑

Tabellen

Bremer Tabelle
zur Berechnung des Altersvorsorgeunterhalts

Stand 1.Januar 1998

1-1305	15 %
1306-1340	16 %
1341-1380	17 %
1381-1415	18 %
1416-1460	19 %
1461-1505	20 %
1506-1555	21 %
1556-1605	22 %
1606-1645	23 %
1646-1690	24 %
1691-1730	25 %
1731-1760	26 %
1761-1790	27 %
1791-1825	28 %
1826-1860	29 %
1861-1900	30 %
1901-1955	31 %
1956-1985	32 %
1986-2020	33 %
2021-2060	34 %
2061-2090	35 %
2091-2130	36 %
2131-2165	37 %
2166-2200	38 %
2201-2240	39 %
2241-2300	40 %
2301-2355	41 %
2356-2415	42 %
2416-2475	43 %
2476-2540	44 %
2541-2605	45 %
2606-2670	46 %
2671-2740	47 %
2741-2810	48 %
2811-2885	49 %
2886-2955	50 %
2956-3030	51 %
3031-3105	52 %
3106-3185	53 %
3186-3256	54 %
3266-3345	55 %
3346-3425	56 %
3426-3510	57 %
3511-3590	58 %
3591-3670	59 %
3671-3745	60 %
3746-3825	61 %
3826-3900	62 %
3901-3975	63 %
3976-4050	64 %
4051-4120	65 %
4121-4190	66 %
4191-4260	67 %
4261-4330	68 %
4331-4395	69 %
4396-4465	70 %
4466-4525	71 %
4526-4590	72 %
4591-4650	73 %
4651-4710	74 %
4711-4785	75 %

Kindesunterhalt
Düsseldorfer Tabelle
Stand: 1. Juli 1998

Nettoeinkommen des Barunterhaltspflichtigen Einkommensgruppe	Altersstufen in Jahren (§ 1612a III BGB)				Vomhundertsatz	Bedarfskontrollbetrag
	0–5	6–11	12–17	ab 18		
1. bis 2400	349	424	502	580	100	1300/1500
2. 2400-2700	374	454	538	621	107	1600
3. 2700-3100	398	484	573	662	114	1700
4. 3100-3500	423	514	608	702	121	1800
5. 3500-3900	447	543	643	743	128	1900
6. 3900-4300	471	570	677	783	135	2000
7. 4300-4700	496	603	713	824	142	2100
8. 4700-5100	524	636	753	870	150	2200
9. 5100-5800	559	679	804	928	160	2350
10. 5800-6500)	594	721	854	986	170	2500
11. 6500-7200	629	764	904	1044	180	2650
12. 7200-8000	664	806	954	1102	190	2800
13. Über 8000	nach den Umständen des Falles					

Berliner Tabelle

ab 1. Juli 1998 als Vortabelle zur Düsseldorfer Tabelle

Altersstufen in Jahren*		0-5**	6-11***	12-17 **** ((-20*))	Vomhundertsatz Ost	Vomhundertsatz West
Nettoeinkommen des Barunterhaltspflichtigen in DM						
Gruppe						
a)	bis 1800	314	380	451	100,0	
b)	1800-2100	332	402	476	105,5	
c)	2100-2400	349	424	502	111,1	
	ab 2400	wie Düsseldorfer Tabelle (aber ohne 4. Altersstufe und oh[ne] Bedarfskontrollbetrag)				
Gruppe						
1	bis 2400	349	424	502	111,1	100
2	2400-2700	374	454	538	119,1	107
3	2700-3100	398	484	573	126,7	114
4	3100-3500	423	514	608	134,7	121
5	3500-3900	447	543	643	142,3	128
6	3900-4300	471	570	677	150,0	135
7	4300-4700	496	603	713	157,9	142
8	4700-5100	524	636	753	166,8	150
9	5100-5800	559	679	804	178,0	160
10	5800-6500	594	721	854	189,1	170
11	6500-7200	629	764	904	200,3	180
12	7200-8000	664	806	954	211,4	190
	über 8000	nach den Umständen des Falles				

* (Der Regelbetrag einer höheren Altersstufe ist ab dem Beginn des Monats maßgeben[d] in den der 6. bzw. 12. Geburtstag fällt.)

** (Geburt bis 6. Geburtstag)

*** (6. bis 12. Geburtstag)

**** (12. bis 18. Geburtstag) *((18. bis 21. Geburtstag, wenn noch in der allg Schulausbildung und im Elternhaus lebend))

Unterhaltsleitlinien des Brandenburgischen Oberlandesgerichts

Stand 1.Juli 1998

Altersstufe	1 0-5	2 6-11	3 12-17	4 ab 18	Vom- hundert- satz	Bedarfs- kontroll- betrag
Nettoeinkommen Des Unterhalts- Pflichtigen in DM						
Gruppe a) bis 1800	314	380	451	522	100,0	1170/1350
b) 1800-2100	332	402	476	550	105,5	1400
ab 2100 DM wie Düsseldorfer Tabelle						
Gruppe 1. bis 2400	349	424	502	580	111,1	1500
2. 2400-2700	374	454	538	621	119,1	1600
3. 2700-3100	398	484	573	662	126,7	1700
4. 3100-3500	423	514	608	702	134,7	1800
5. 3500-3900	447	543	643	743	142,3	1900
6. 3900-4300	471	570	677	783	150,0	2000
7. 4300-4700	496	603	713	824	157,9	2100
8. 4700-5100	524	636	753	870	166,8	2200
9. 5100-5800	559	679	804	928	178,0	2350
10. 5800-6500	594	721	854	986	189,1	2500
11. 6500-7200	629	764	904	1044	200,3	2650
12. 7200-8000	664	806	954	1102	211,4	2800
13. über 8000	nach den Umständen des Falles					

Rechtsanwaltsgebühren nach §11 BRAGO

Für die alten Bundesländer

Wert bis DM	10/10	7,5/10	5/10	3/10	15/10	13/10	13/20
600	50,00	37,50	25,00	20,00	75,00	65,00	32,50
1 200	90,00	67, 50	45,00	27,00	135,00	117,00	58,50
1 800	130,00	97,50	65,00	39,00	195,00	169,00	84,50
2 400	170,00	127,50	85,00	51,00	255,00	221,00	110,50
3 000	210,00	157,50	105,00	63,00	315,00	273,00	136,50
4 000	265,00	198,80	132,50	79,50	397,50	344,50	172,30
5 000	320,00	240,00	160,00	96,00	480,00	416,00	208,00
6 000	375,00	281,30	187,50	112,50	562,50	487,50	243,80
7 000	430,00	322,50	215,00	129,00	645,00	559,00	279,50
8 000	485,00	363,80	242,50	145,50	727,50	630,50	315,30
9 000	540,00	405,00	270,00	162,00	810,00	702,00	351,00
10 000	595,00	446,30	297,50	178,50	892,50	773,50	386,80
12 000	665,00	498,80	332,50	199,50	997,50	864,50	432,30
14 000	735,00	551, 30	367,50	220,50	1102,50	955,50	477,80
16 000	805,00	603,80	402,50	241,50	1207,50	1046,50	523,30
18 000	875,00	656,30	437,50	262,50	1312,50	1137,50	568,80
20 000	945,00	708,80	472,50	283,50	1417,50	1228,50	614,30
25 000	1 025,00	768,80	512,50	307,50	1537,50	1332,50	666,30
30 000	1 105,00	828,80	552,50	331,50	1657,50	1436,50	718,30
35 000	1 185,00	888,80	592,50	355,50	1777,50	1540,50	770,30
40 000	1 265,00	948,80	632,50	379,50	1897,50	1644,50	822,30
45 000	1 345,00	1008,80	672,50	403,50	2017,50	1748,50	874,30
50 000	1 425,00	1068.80	712,50	427,50	2137,50	1852,50	926,30
60 000	1 565,00	1173,80	782,50	469,50	2347,50	2034,50	1017,30
70 000	1 705,00	1278,80	852,50	511,50	2557,50	2216,50	1108,30
80 000	1 845,00	1383,80	922,50	553,50	2767,50	2398,50	1199,30
90 000	1 985,00	1488,80	992,50	595,50	2977,50	2580,50	1290,30
100 000	2 125,00	1593,80	1062,50	637,50	3187,50	2762,50	1381,30
130 000	2 285,00	1713,80	1142,50	685,50	3427,50	2970,50	1485,30
160 000	2 445,00	1833,80	1222,50	733,50	3667,50	3178,50	1589,30
190 000	2 605,00	1953,80	1302,50	781,50	3907,50	3386,50	1693,30
220 000	2 765,00	2073,80	1382,50	829,50	4147,50	3594,50	1797,30
250 000	2 925,00	2193,80	1462,50	877,50	4387,50	3802,50	1901,30

Rechtsanwaltsgebühren nach §11 BRAGO

Für die neuen Bundesländer

Wert bis DM	10/10	7,5/10	5/10	3/10	15/10	13/10	13/20
600	45,00	33,80	22,50	20,00	67,50	58,50	29,30
1200	81,00	60,80	40,50	24,30	121,50	105,30	52,70
1800	117,00	87,80	58,50	35,10	175,50	152,10	76,10
2400	153,00	114,80	76,50	45,90	229,50	198,90	99,50
3000	189,00	141,80	94,50	56,70	283,50	245,70	122,90
4000	238,50	178,90	119,30	71,60	357,80	310,10	155,10
5000	288,00	216,00	144,00	86,40	432,00	374,40	187,20
6000	337,50	253,20	168,80	101,30	506,30	438,80	219,40
7000	387,00	290,30	193,50	116,10	580,50	503,10	251,60
8000	436,50	327,40	218,30	131,00	654,50	567,50	283,80
9000	486,00	364,50	243,00	145,80	729,00	631,80	315,90
10000	535,50	401,70	267,80	160,70	803,30	696,20	348,10
12000	598,50	448,90	299,30	179,60	897,80	778,10	389,10
14000	661,50	496,20	330,80	198,50	992,30	860,00	430,00
16000	724,50	543,40	362,30	217,40	1086,80	941,90	471,00
18000	787,50	590,70	393,80	236,30	1181,30	1023,80	511,90
20000	850,50	637,90	425,30	255,20	1275,80	1105,70	552,90
25000	922,50	691,90	461,30	276,80	1383,80	1199,30	599,70
30000	994,50	745,90	497,30	298,40	1491,80	1292,90	646,50
35000	1066,50	799,90	533,30	320,00	1599,80	1386,50	693,30
40000	1138,50	853,90	569,30	341,60	1707,80	1480,20	740,10
45000	1210,50	907,90	605,30	363,20	1815,80	1573,70	786,90
50000	1282,50	961,90	641,30	384,80	1923,80	1667,30	833,70
60000	1408,50	1056,40	704,30	422,60	2112,80	1831,10	915,60
70000	1534,50	1150,90	767,30	460,40	2301,80	1994,90	997,50
80000	1650,50	1245,40	830,30	498,20	2490,80	2158,70	1079,40
90000	1786,50	1339,90	893,30	536,00	2679,80	2322,50	1161,30
100000	1912,50	1434,40	956,30	573,80	2868,80	2486,30	1243,20
130000	2056,50	1542,40	1028,30	617,00	3084,80	2673,50	1336,80
160000	2200,50	1650,40	1100,30	660,20	3300,80	2860,70	1430,40
190000	2344,50	1758,40	1172,30	703,40	3516,80	3047,90	1524,00
220000	2488,50	1866,40	1244,30	746,60	3732,80	3235,10	1617,60
250000	2632l50	1974,40	1316,30	789,80	3948,80	3422,30	1711,20

Gerichtskostentabelle

Für die alten Bundesländer

Wert bis DM	3	1 volle Gebühr	$\frac{1}{2}$	$1\frac{1}{2}$	$2\frac{1}{2}$	$\frac{1}{4}$	$\frac{3}{4}$
600	150,00	50,00	25,00	75,00	125,00	20,00	37,50
1200	210,00	70,00	35,00	105,00	175,00	20,00	52,50
1800	270,00	90,00	45,00	135,00	225,00	22,50	67,50
2400	330,00	110,00	55,00	165,00	275,00	27,50	82,50
3000	390,00	130,00	65,00	195,00	325,00	32,50	97,50
4000	435,00	145,00	72,50	217,50	362,50	36,30	108,80
5000	480,00	160,00	80,00	240,00	400,00	40,00	120,00
6000	525,00	175,00	87,50	262,50	437,50	43,80	131,30
7000	570,00	190,00	95,00	285,00	475,00	47,50	142,50
8000	615,00	205,00	102,50	307,50	512,50	51,30	153,80
9000	660,00	220,00	110,00	330,00	550,00	55,00	165,00
10000	705,00	235,00	117,50	353,50	587,50	58,80	176,30
12000	795,00	265,00	132,50	397,50	662,50	66,30	198,80
14000	885,00	295,00	147,50	442,50	737,50	73,80	221,30
16000	975,00	325,00	162,50	487,50	812,50	81,30	243,80
18000	1065,00	355,00	177,50	532,50	887,50	88,80	266,30
20000	1155,00	385,00	192,50	577,50	962,50	96,30	288,80
25000	1290,00	430,00	215,00	645,00	1075,00	107,50	322,50
30000	1425,00	475,00	237,50	712,50	1187,50	118,80	356,30
35000	1560,00	520,00	260,00	780,00	1300,00	130,00	390,00
40000	1695,00	565,00	282,50	847,50	1412,50	141,30	423,80
45000	1830,00	610,00	305,00	915,00	1525,00	152,50	457,50
50000	1965,00	655,00	327,50	982,50	1637,50	163,80	491,30
60000	2145,00	715,00	357,50	1072,50	1787,50	178,80	536,30
70000	2325,00	775,00	387,50	1162,50	1937,50	193,80	581,30
80000	2505,00	835,00	417,50	1252,50	2087,50	208,80	626,30
90000	2685,00	895,00	447,50	1342,50	2237,50	223,80	671,30
100000	2865,00	955,00	477,50	1432,50	2387,50	238,80	716,30
130000	3465,00	1155,00	577,50	1732,50	2887,50	288,80	866,30
160000	4065,00	1355,00	677,50	2032,50	3387,50	338,80	1016,30
190000	4665,00	1555,00	777,50	2332,50	3887,50	388,80	1166,30
220000	5265,00	1755,00	877,50	2632,50	4387,50	438,80	1316,30
250000	5865,00	1955,00	977,50	2932,50	4887,50	488,80	1466,30

Ausgehend vom Streitwert können dieser bzw. der Tabelle auf der nächsten Seite, die für d neuen Bundesländer gilt, die Gerichtskosten entnommen werden. In Scheidungsverfahren wi in der Regel die volle Gebühr berechnet.

Gerichtskostentabelle

Für die neuen Bundesländer

ert bis DM	3	1 volle Gebühr	$^1/_2$	$1\,^1/_2$	$2\,^1/_2$	$^1/_4$	$^3/_4$
00	135,00	45,00	22,50	67,50	112,50	20,00	33,80
200	189,00	63,00	31,50	94,50	157,50	20,00	47,30
300	243,00	81,00	40,50	121,50	202,50	20,30	60,80
400	297,00	99,00	49,50	148,50	247,50	24,80	74,30
00	351,00	117,00	58,50	175,50	292,50	29,30	87,80
00	391,50	130,50	65,30	195,80	326,30	32,70	97,90
00	432,00	144,00	72,00	216,00	360,00	36,00	108,00
00	472,50	157,50	78,80	236,30	393,80	39,40	118,20
00	513,00	171,00	85,50	256,50	427,50	42,80	128,30
000	553,50	184,50	92,30	276,80	461,30	46,20	138,40
00	594,00	198,00	99,00	297,00	495,00	49,50	148,50
0000	634,50	211,50	105,80	317,30	528,80	52,90	158,70
2000	715,50	238,50	119,30	357,80	596,30	59,70	178,90
4000	796,50	265,50	132,80	398,30	663,80	66,40	199,20
6000	877,50	292,50	146,30	438,80	731,30	73,20	219,40
8000	958,50	319,50	159,80	479,80	798,80	79,90	239,70
0000	1039,50	346,50	173,30	519,80	866,30	86,70	259,90
5000	1161,00	387,00	193,50	580,50	967,50	96,80	290,30
0000	1282,50	427,50	213,80	641,30	1068,80	106,90	320,70
5000	1404,00	468,00	234,00	702,00	1170,00	117,00	351,00
0000	1525,50	508,50	254,30	762,80	1271,30	127,20	381,40
5000	1647,00	549,00	274,50	823,50	1372,50	137,30	411,80
0000	1768,50	589,50	294,80	884,30	1473,80	147,40	442,20
0000	1930,50	643,50	321,80	965,30	1608,80	160,90	482,70
0000	2092,50	697,50	348,80	1046,30	1743,80	174,40	523,20
0000	2254,50	751,50	375,80	1127,30	1878,80	187,90	563,70
0000	2416,50	805,50	402,80	1208,30	2013,80	201,40	604,20
00000	2578,50	859,50	429,80	1289,30	2148,80	214,90	644,70
30000	3118,50	1039,50	519,80	1559,30	2598,80	259,00	779,70
60000	3658,50	1219,50	609,80	1829,30	3048,80	304,90	914,70
90000	4198,50	1399,50	699,80	2099,30	3498,80	349,90	1049,70
20000	4738,50	1579,50	789,80	2369,30	3948,80	394,90	1184,70
50000	5278,50	1759,50	879,80	2639,30	4398,80	429,90	1319,70

Quelle: Kostentafeln u. andere Tabellen für die juristische Praxis, hrsg. von der Hans Soldan mbH, 21. Auflage)

① **Amtsgericht**-Familiengericht

Plz, Ort

Raum für Geschäftsnummer des Gerichts

② Antragsgegner/in

Antrag auf Festsetzung von Unterhalt

– Bitte beachten Sie die Hinweise in dem Merkblatt zu diesem Vordruck –

Antragsteller/in

③ E Vorname, Name, Anschrift des Elternteils, der die Festsetzung in eigenem Namen oder als gesetzl. Vertreter/in des Kindes beantragt — in eigenem Namen ☐ als gesetzl. Vertreter/in ☐

④ Vorname, Name, Plz, Wohnort des minderjährigen Kindes — geboren am

1

2

3

⑤ Beistand/Prozeßbevollmächtigte/r

Es wird beantragt, den Unterhalt, den der/die Antragsgegner/in an das Kind zu zahlen hat, im vereinfachten Verfahren wie folgt festzusetzen:

⑥

	Vorname des Kindes	Unterhalt **gemäß** den Altersstufen der RegelbetragVO	Unterhalt **abweichend** von den Altersstufen der RegelbetragVO		festzusetzen in **Prozent** des derzeitigen Regelbetrages	Die **kindbezogenen** Leistungen (z. B. Kindergeld) betragen	
1		beginnend ab	beginnend ab	DM mtl.	der . Altersstufe	ab	DM mtl.
		in Höhe von ,— Prozent	ab	DM mtl.	der . Altersstufe	ab	DM mtl.
		der Regelbeträge	ab	DM mtl.	der . Altersstufe	ab	DM mtl.
2		beginnend ab	beginnend ab	DM mtl.	der . Altersstufe	ab	DM mtl.
		in Höhe von ,— Prozent	ab	DM mtl.	der . Altersstufe	ab	DM mtl.
		der Regelbeträge	ab	DM mtl.	der . Altersstufe	ab	DM mtl.
3		beginnend ab	beginnend ab	DM mtl.	der . Altersstufe	ab	DM mtl.
		in Höhe von ,— Prozent	ab	DM mtl.	der . Altersstufe	ab	DM mtl.
		der Regelbeträge	ab	DM mtl.	der . Altersstufe	ab	DM mtl.

⑦ Die Voraussetzungen, unter denen **Unterhalt für die Vergangenheit** verlangt werden kann, liegen seit dem vorstehend unter „beginnend ab" angegebenen Zeitpunkt vor. — Auf die **Rückstände** sind seit dem unter „beginnend ab" bezeichneten Zeitpunkt bis heute gezahlt ➔ DM für Kind 1 | DM für Kind 2 | DM für Kind 3

⑧ Die kindbezogenen Leistungen (z. B. Kindergeld) erhält: ☐ die Mutter ☐ der Vater — andere Person (Bezeichnung)

⑨ ☐ Für das Verfahren wird Prozeßkostenhilfe beantragt. Eine Erklärung zu den Voraussetzungen ihrer Bewilligung ist beigefügt. — Es wird beantragt, die von dem/der Antragsgegner/in an den/die Antragsteller/in zu erstattenden Kosten festzusetzen auf: DM

⑩ Zwischen Kind 1 2 3 und Antragsgegner/in besteht ein Eltern-Kind-Verhältnis.

Kind 1 2 3 lebt mit dem auf Unterhaltsleistung in Anspruch genommenen Elternteil nicht in einem Haushalt und hat für Zeiträume, für die der Unterhalt festgesetzt werden soll, weder Leistungen nach dem Bundessozialhilfe- oder dem Unterhaltsvorschußgesetz noch Unterhalt von einer verwandten oder dritten Person im Sinne des § 1607 Abs. 2, 3 BGB erhalten. Anspruch auf Kind zurückübertragen.

Über den Unterhaltsanspruch hat bisher weder ein Gericht entschieden noch ist über ihn ein gerichtliches Verfahren anhängig oder ein Vollstreckungstitel errichtet worden.

Ort, Datum | Unterschrift Antragst./gesetzl. Vertr./Prozeßbevollm. | Aufgenommen von (Dienststelle, Name, Unterschrift)

ZP 361 – Antrag auf Festsetzung des Unterhalts nach §§ 645, 646 ZPO – gen. 6.1998 M. DuMont Schauberg, Köln

Adressen:

Frauen, die sich zu einer Trennung bzw. Scheidung entschliessen, stehen nicht alleine da. Sie können sich zunächst an eine Beratungsstelle in ihrer Stadt wenden, die ihnen Kontakte zu speziellen Frauenberatungsgruppen vermittelt. Über autonome Frauenhäuser informiert die:
Zif Zentrale
Informationsstelle für autonome Frauenhäuser
Efferts Ufer 104
57072 Siegen
Tel.: 0271/335 62 62
bzw.
Ost-Arbeitsgemeinschaft Frauenhäuser
c/o 3. Autonomes Frauenhaus Berlin
Postfach 0236
10322 Berlin
Tel.: 030/559 35 31.
Manche Beratungsstellen geben auch Tips bei der Suche nach einer Anwältin.
Fast in jeder größeren Stadt können Sie sich an Pro Familia wenden, die Adresse finden Sie im Telefonbuch oder Sie schreiben an:
Pro Familia-Bundesverband
Stresemannallee 3
60596 Frankfurt
Tel.: 069/63 90 02

Im folgenden sind nach Bundesländern geordnet die Adressen bzw. Telefonnummern von Frauenberatungsstellen sowie von den Gleichstellungsstellen in den jeweiligen Landeshauptstädten aufgeführt:

Baden-Württemberg

Frauen helfen Frauen e.V.
Römerstr.30
70180 Stuttgart
Tel.: 0711/469 45 50

Frauenbeauftragte
Marktplatz 1
70173 Stuttgart
Tel.: 0711/216 35 78

Bayern

Frauen helfen Frauen e.V.
Postfach 90 04 46
81504 München
Tel.: 089/64 51 69

Gleichstellungsstelle für Frauen
- Rathaus -
Marienplatz 8
80331 München
Tel.: 089/23 39 24 65

Berlin

Frauenkrisentelefon
Berlin
Tel.: 030/614 22 42

Bezirksamt Friedrichshain
10216 Berlin
Tel.: 030/232 424 59

Brandenburg

Notruf für Frauen und Kinder
Postfach 60 01 32
14401 Potsdam
Tel.: 0331/96 46 44

Gleichstellungsbeauftragte
Friedrich-Ebert-Str. 79/81
14461 Potsdam
Tel.: 0331/289 10 80

Bremen

Frauen helfen Frauen e.V.
Bremen
Tel.: 0421/346 92 78

Bremische Zentralstelle für die Verwirklichung der Gleichstellung der Frau
Knochenhauer Str. 20-25
28195 Bremen
Tel.: 0421/361 31 33

Hamburg

Frauentreff Wilhelmsburg e.V.
Karl-Arnold-Ring 51
21109 Hamburg
Tel.: 040/750 97 91

Senatsamt für die Gleichstellung
Alter Steinweg 4
20459 Hamburg
Tel.: 040/35 04 33 20

Hessen

Frauenbeauftragte
Schloßplatz 6
65183 Wiesbaden
Tel.: 0611/31 24 49

Mecklenburg-Vorpommern

Frauen helfen Frauen e.V.
Postfach 1350
23953 Wismar
Tel.: 03841/283 627
Gleichstellungsbeauftragte
Postfach 1245
23952 Wismar
Tel.: 03841/256 301

Niedersachsen

Frauen helfen Frauen e.V.
Postfach 2005
30020 Hannover
Tel.: 0511/66 44 77

Frauenbüro
Röseler Straße 2
30159 Hannover
Tel.: 0511/16 84 53 01

Nordrhein-Westfalen

Frauen in Not und Notruf für vergewaltigte Frauen e.V.
Ackerstr. 144
40233 Düsseldorf
Tel.: 0211/68 68 54

Frauenbüro
Verwaltung
40200 Düsseldorf
Tel.: 0211/899 36 01

Rheinland-Pfalz

Frauen helfen Frauen e.V.
Postfach 40 43
55030 Mainz
Tel.: 06131/22 10 10

Frauenbeauftragte
Postfach 38 20
55116 Mainz
Tel.: 06131/12 21 75

Saarland

Notruf für vergewaltigte Frauen e.V.
Neuwieser Str. 19
66111 Saarbrücken
Tel.: 0681/36 767

Frauenbüro
Rathausplatz 1
66104 Saarbrücken
Tel.: 0681/905 16 49

Sachsen

Frauen in Not
Postfach 210130
01261 Dresden
Tel.: 0351/281 77 88

Leitstelle für Gleichstellung
Dr.-Koelz-Ring 17-19
01067 Dresden
Tel.: 0351/488 22 67

Sachsen-Anhalt

Gleichstellungstelle für Frauen
Postfach
39090 Magdeburg
Tel.: 0391/540 23 16

Beratung für Frauen und Familie
Hegelstraße 28
39104 Magdeburg
Tel.: 0391/561 67 42

Schleswig-Holstein

Frauentreff, Beratung und Information für Frauen e.V.
Kurt-Schumacher-Platz 5
24109 Kiel
Tel.: 0431/52 42 41

Frauenbeauftragte
Holstenstr. 55-57
24099 Kiel
Tel.: 0431/901 20 56

Thüringen

Stadtverwaltung Erfurt Gleichstellungsstelle
Postfach 243
99005 Erfurt
Tel.: 0361/655 10 40

Frauen helfen Frauen
Postfach 90
98602 Meiningen
Tel.: 03693/50 20 26

Register

Nachbemerkung

Ich wünsche mir, daß mein Buch alle betroffenen Leserinnen in der schwierigen Lebenssituation zwischen Trennung und Scheidung hilfreich unterstützt, Denkanstöße gibt, das Problembewußtsein schärft und hilft, Lösungswege zu finden. Das Buch ist jedoch kein Ersatz für eine individuelle juristische Beratung.

Heike Dahmen-Lösche